武進莊存與莊述祖年譜稿

王逸明 编著

庄存与像（选自《清代学者象传》）

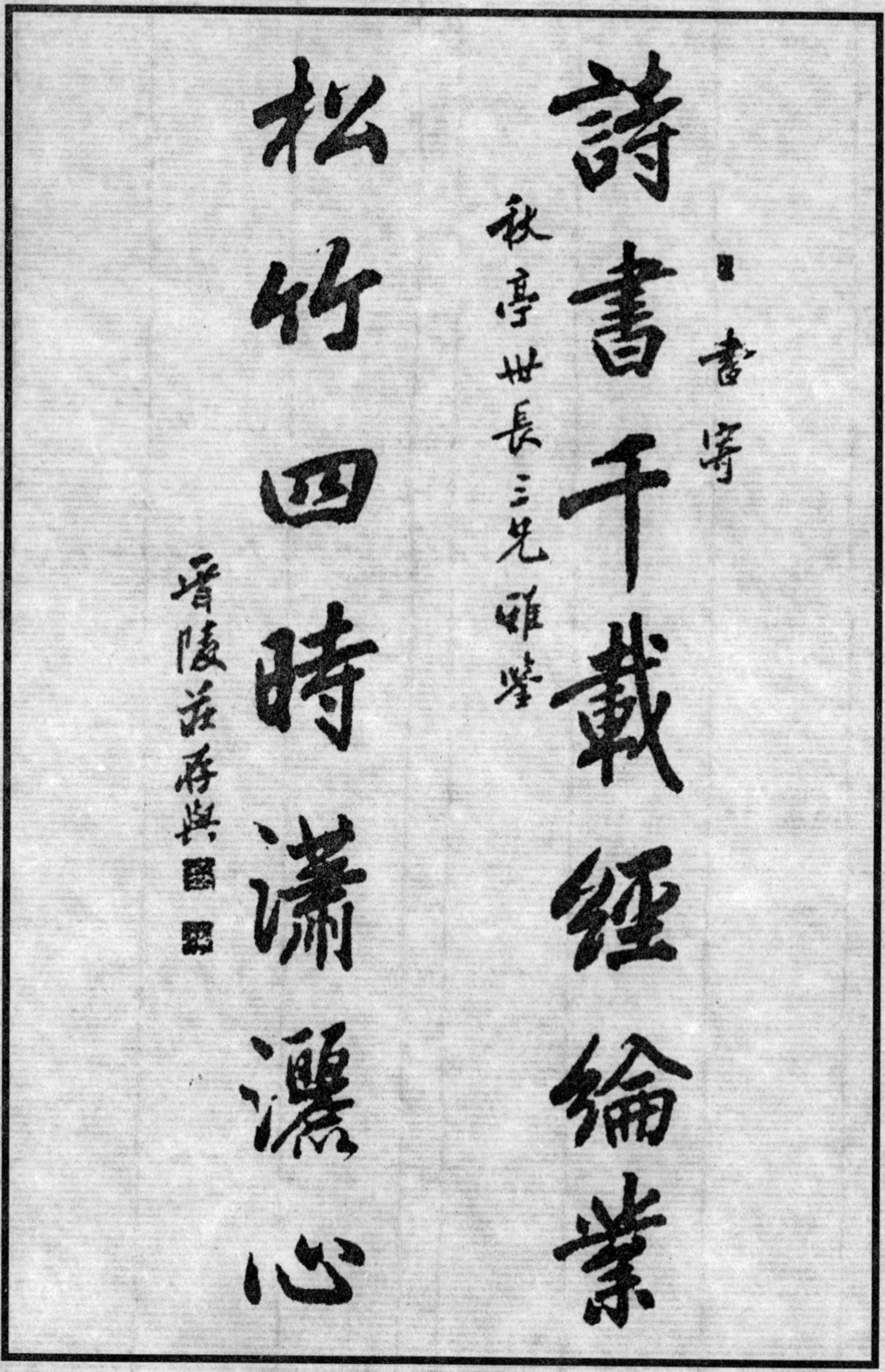

庄存与手迹（常州市博物馆藏）

庄述祖像（《珍艺宧遗书》前附）

庄述祖像（选自《清代学者象传》）

武進莊存與莊述祖年譜稾

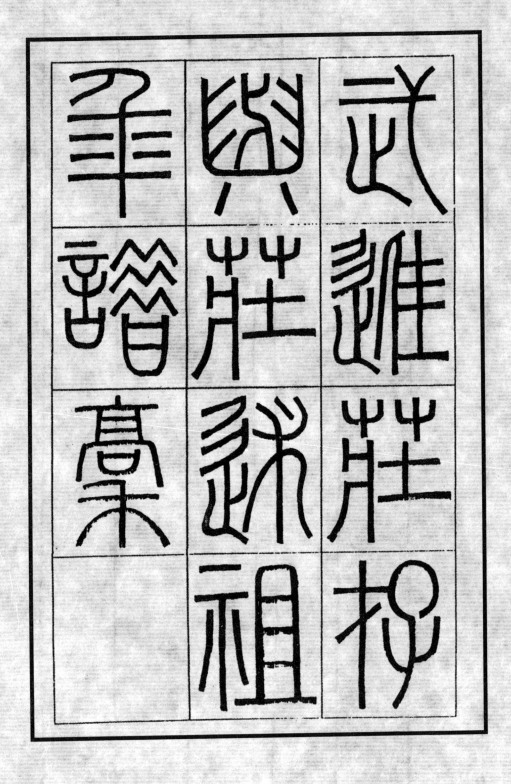

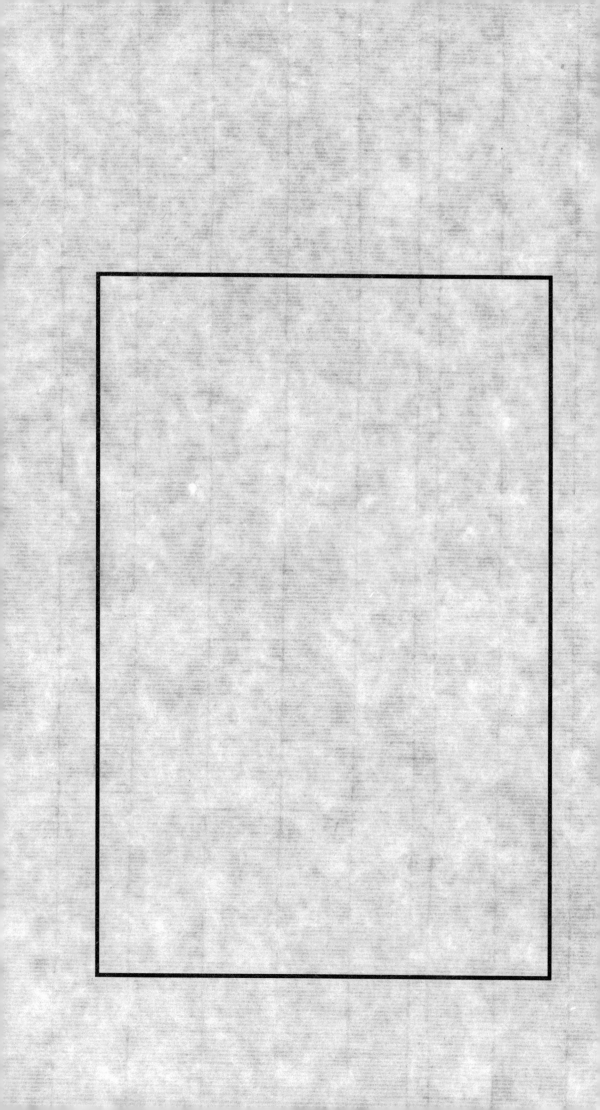

武进庄存与庄述祖年谱稿

康熙五十八年 己亥 1719 庄存与一岁

清江南江苏省常州府领县八，武进与阳湖为常州府附郭县。以两县比邻，旧合称毗陵，范围即今常州市城区所在。徐震《清代毗陵书目序》：『毗陵，于清为武进、阳湖两县地，又为常州府治。今不曰常州者，嫌于兼赅八邑。不曰武进、阳湖者，以其称名过繁。援用旧名，盖为是尔。惟清当顺、康之世，有明遗老志恢复而不遂，则移心力于学术，亦有自托于文辞书画者。于时吾乡则有臧琳考证经义，恽鹤生治颜元之学，邵长蘅工诗、古文，恽寿平擅妙于书画，此其见端也。下逮乾嘉，厥途四畅，群美萌生。其在吾乡乃有赵翼、黄景仁、孙星衍、洪亮吉、张惠言、恽敬、赵怀玉、庄述祖、李兆洛、董佑诚之伦，于经、于史、于诸子，于文字、音韵、训诂、校勘、金石、天算之学，于诗、于赋、于词，于古文、骈俪之作，既各极其精能……艺事如钱伯坰、庄宝书、黄乙生之书，钱维城、钱维乔、汤贻汾之画，亦一时之隽也。复有庄存与、刘逢禄上理《公羊》，探西汉经生之家法，于惠、（惠栋。引注。）戴（戴震。引注。）之外独辟径术，清代今文之学由是导其源。』

庄氏一族，多居武进县境内，称『武进庄氏』或『毗陵庄氏』，世为望族。

《毗陵庄氏增修族谱》（民国二十四年排印本《毗陵庄氏增修族谱》，后简称《族谱》。）上朔十数世，考录甚详。庄存与先祖名廷臣。廷臣生鼎铉。鼎铉生绛、纬。庄绛为存与祖。绛生楷、柼、敦厚、大椿、柱。庄柱即存与父。见谱前世系表。

庄勇成《南村公传》（载《族谱》卷二十）：『南村公，丹吉公（庄绛。引注。）季子也，讳柱，字书石，号南村……（庄绛）继配董太夫人所出。丹吉公学博才高，丰于德而啬于遇。先世自凝宇公（庄廷臣。引注。）而下，再传皆儒，素资馆谷自给。自董太夫人来归，攸理家政，门栏善气蒸蒸日生。蓼原公（庄楷。庄绛长子。庄绛元配陆氏生。引注。）自幼失恃，成羸疾，董太夫人生黄梅公，（庄柼。庄绛次子，康熙二十一年生。引注。）弥月后即分一乳乳之。或规以不利于己子，夫人泫然曰：「陆氏姊（指庄绛元配。引注。）只遗此耳，吾不忍见其成疾也。」闻者皆为之感泣。南村公天资颖悟，勤学不倦。自幼及长，手录者成帙，不乙一字。尤好朱子《小学》，一言一动皆遵之。年十九，补博士弟子，旋食饩……公貌丰厚，河目海口，声洪面方。配钱太恭人，封夫人，检讨荣世女。（据咸丰五年锦树堂刊《重修段庄钱氏族谱》，钱荣世字天槎，号切关。钱霈孙，钱扬岳子。康熙四十五年进士，官翰林院检讨。康熙四十八年以四十三岁卒。另见本谱雍正四年。引注。）有才德，通书史，识量过人。南村公仕宦南北，夫人随在署，助理家政，丰俭得中善，继董太君之遗矩，尝曰：「作宦临民者，必使心无二用，若增内顾忧，是挈眷适为官累耳。吾惟守俭勤之家训，所以佐清白之官箴也。」夫人自于归至白首，与南村公鸿案相庄，显晦若一，垂老不衰。戚属有贫困者来谒公，必款接之。虽显客至，不令他避，亦不令稍见惭沮。太夫人料量食引亦必尽诚。生子二，长养恬，次仲淳。』

十一月 三日，阳历12月13日。**庄存与生于武进白云溪马山埠庄宅。**《族谱》卷三《世系录·第十二世》第五十六页：『存与，行一，字方耕，号养恬，柱长子。生于康熙己亥十一月初三日。』庄勇成《少宗伯养恬兄传》（载《族谱》）：『兄讳存与，字方耕，晚号养恬，南村公长子也。南村公生二子，长即兄，次为仲淳。』白云溪马山埠庄宅，位于今常州市城中路以东，局前街一带，现仍有部分原建筑遗存。戴博元《清代今文经学开创者庄存与家世及其故居》（1999年常州学派研讨会论文）：『庄存与故居，在常州市白云溪马山埠东首一带，旧称宝砚堂，又称状元第，是存与父庄柱所建。房屋呈中、西、东三列纵向排列。1949年前后，其大门前尚存照壁、水码头等建筑。门前有戟门一座，仪门上竖匾二块，左书「榜眼及第」，右书「状元及第」，中挂「福」字匾。大厅后面是启裕堂、慎馀堂、赐砚堂、薇晖堂及院落、花园等共房屋百馀间，占地十四亩八分馀……毗陵庄氏，迁自金坛，其始祖为元末之庄秀九。庄氏业农，贫甚，赘于蒋氏。到明万历年间的庄起元、庄廷臣时，子孙繁衍，始以城西、城东分居。起元、廷臣为同祖兄弟。起元居城西宅之济美堂，今延陵西路。廷臣居城东宅，今城中路以东，马山埠。《庄氏家乘》称廷臣年轻时就相中这一宅地，当时有富家某正于斯建屋。数十年后，廷臣购得此宅，于是营建广厦，合门居之……在明末清初的国事变故中，庄氏家境一度偃蹇，部分房屋曾出典。到廷臣曾孙庄柱一代，家声大振。庄柱五弟兄中，出进士三，举人、副榜各一，遂扩建旧居，并在旧居对面增建三元阁。乾隆六年，庄柱以五十二岁引疾归里，教长子存与读书，并建造了宝砚堂。庄存与故居是明清两朝庄廷臣、庄柱及庄存与祖孙几代所共建。存与兄弟以后，子孙绵延，或居里中，或任官于外，从未分家。1949年后故居的房屋归卫生学校使用。1952年2月，庄元馨经手，将故居全部出让给卫校。后来故居中的建筑逐步被拆毁、改建。1986 年笔者曾在常州市卫生学校财务部门见到万历四十一年、康熙年间、雍正十三年、乾隆二年、乾隆十三年诸年庄家收购宅邸的房契，尚保存完好。今庄氏故居处存西首门屋、从屋二进各三间及花篮厅。1987 年常州市政府公布其为市级文物保护单位。』另据《中国历代名人胜迹大辞典》第 754 页贺忠贤先生撰《庄存与》条：『宝砚堂遗址在江苏常州市局前街。庄存与出生地、故居。此宅系存与父庄柱所建，坐北朝南，占地 9333.8 平方米，三间戟门面临白云溪，今已填没。因存与中榜眼，其弟培因中状元，门上原置竖额两块，左「榜眼及第」，右「状元及第」，俗称状元第。原有启裕堂、赐砚堂、薇晖堂、照壁及水码头等，均毁。今仅存西厢屋六间及膳房等。』笔者曾于 1998 年和 1999 年两次赴常州实地考察，贺先生所记庄宅西厢屋六间及膳房仍存，现为普通民居，状况堪忧。

本年存与父庄柱三十岁，母钱氏二十七岁。

康熙五十九年　庚子　1720　庄存与二岁

庄柱中举。《族谱》卷十八下第二十四页：『南村，康熙庚子乡魁，授内阁中书。』庄勇成《南村公传》：庄柱『康熙庚子中式第十一名，常郡官生卷作房首自公始。是科吾宗南北获售者四人，公与黄梅公及启尊兄（庄秉中，庄楷次子，存与堂兄。引注。）以同怀兄弟、叔侄居其三，先君子闲汀公（庄绍平，庄勇成父。引注。）亦与焉，一时称盛。』

康熙六十年 辛丑 1721 庄存与三岁

康熙六十一年 壬寅 1722 庄存与四岁

雍正元年 癸卯 1723 庄存与五岁 庄培因一岁

九月十九日，西历10月17日。存与弟培因生。《族谱》卷三第五十六页：『培因，生于雍正癸卯九月十九日。』《族谱》卷十九第二十七页：『庄培因，字本淳，柱次子。』

雍正二年 甲辰 1724 庄存与六岁 庄培因二岁

雍正三年 乙巳 1725 庄存与七岁 庄培因三岁

雍正四年 丙午 1726 庄存与八岁 庄培因四岁

存与约此年入庄氏家塾。庄勇成《少宗伯养恬兄传》：『兄长身玉立，不苟言笑。从幼入塾，即以古人自期。』

雍正五年 丁未 1727 庄存与九岁 庄培因五岁

二月　会试，庄柱中进士。朱筠《笥河文集·祭庄公文》：『初有术者（指占卜者。引注。）曰公（指庄柱。引注。）「兆美。必第一人，足应厥祉。」公廷试时，其名早闻，或以第一告。公退祷神：「愿广此福，赐我族人。」传者则妄公意之纯。及宗伯（指庄存与。引注。）第，名在第二。本淳（庄培因。引注。）继之遂冠廷试。天道往复，其理甚秘。如公隐德，昭哉有自。』

彭启丰同年状元。彭启丰为彭定求孙。后为庄培因岳丈。见本谱乾隆四年。庄述祖《珍艺宧文钞·先妣彭恭人行述》：『外祖父（彭启丰。引注。）为丁未会试第一人，先大父观察公（庄柱。引注。）同榜中式。及殿试，读卷官拟大父卷第一，外祖父卷第三，世宗宪皇帝亲定外祖父一甲一名，大父二甲二名。大父谓外祖父「年少掇巍科，无矜容遽色，才与德皆足称。」又以外高祖侍讲公（彭定求。引注。）为吴中理学名儒，及闻吾母（彭氏。述祖母。引注。）贤淑，遂为先考学士府君（庄培因。引注。）请婚焉。大父与外祖父既相契重，又申以婚姻，气味尤为浃洽。』

六月　庄柱授庶吉士。见本谱雍正十二年引清代官员履历片。庄勇成《南村公传》：庄柱『雍正丁未成进士。殿试对策元元本本，思若涌泉。日方晡，纳卷上。车抵外城，蓼原公（庄楷。引注。）讶其速，曰：「得毋草草耶？」公曰：「心无妄想，且作书速捷，故纳卷稍先耳。」时读卷官拟置第一，钦定二甲第二，授翰林院庶吉士。偕同馆试乾清宫，恩赐貂皮、笔墨，奖誉甚优……在京邑监修文庙，捐廉集事。举场号舍易土炕为板，士子至今德之。』

存与在武进庄氏家塾读。

存与在武进家塾读。

雍正八年　庚戌　1730　庄存与十二岁　庄培因八岁

庄柱在大兴县任。

存与在武进家塾读。培因初入塾。彭启丰《翰林院侍讲学士庄本淳婿墓志铭》（载光绪九年刊《虚一斋集》前附）：培因『生有异禀。甫入塾，日课字数百，一过目辄尽识，历试弗忘。』庄勇成《学士仲淳弟传》（《虚一斋集》前附）：培因『博学强记，颖敏绝人。幼从汤药冈先生授书，目数行下。』药冈为汤大绅号。《清代毗陵名人小传稿》：『汤大绅，字孙书，号药冈，阳湖人。乾隆七年殿试第三人及第，官编修。』

雍正九年　辛亥　1731　庄存与十三岁　庄培因九岁

庄柱在大兴县任。

存与、培因在武进家塾读。

雍正十年　壬子　1732　庄存与十四岁　庄培因十岁

存与、培因随母赴京师大兴父任官署。会地震。庄勇成《少宗伯养恬兄传》：『兄年

雍正六年 戊申 1728 庄存与十岁 庄培因六岁

三月 庄柱任大兴县知县。见本谱雍正十二年引清代官员履历片。庄勇成《南村公传》：『一日，上以遴选京县难其人，特旨于新科庶吉士中拣用，而公适应其选。当是时，大兴一缺，积数任以亏帑罢官职，事浸不举，人共视为畏途。公自以儒生未谙吏治，骤任繁剧，陨越是惧，莅任后事无巨细，悉以朴诚谨厚行之。庶务修举，诸王公大臣咸称之曰能。大京兆合河孙公（孙嘉淦，去年任国子监祭酒兼顺天学政。本年正月署顺天府尹，四月丁忧回籍。引注。）尝扬言于众曰：「人谓庄令德优于才，顾其才，实在诸公之上。」历俸七年，未尝轻以片纸假吏胥扰民……公诗文书翰，握管如流，不近名，不求异。初入使馆，诸前辈咸曰：「迩日馆阁通才，惟吴荆山、庄某两人耳。」心性之学，采入程朱阃奥。孙文定公尹京兆，公任首邑，每相见，谈公事外辄晤对移时，所言皆性道之学，他人不能与闻。』又，朱筠《笥河文集·祭庄公文》：『公……少奇于文，长笃于学……时惟世庙诏于吉士「有能治民，予用嘉美。」或以公言，帝曰：「汝史，汝令于畿，予嘉汝理。」公乃成命，最于其官。乃咨出守，乃巡台温。朝廷知公，几岁数迁。』

存与在武进家塾读。

雍正七年 己酉 1729 庄存与十一岁 庄培因七岁

庄柱在大兴县任。

十四，随父任大兴。会地震，兄匍书室中，适一仆自外至，匍兄背上而室亦倾，仆故有力，翼蔽之，得无伤。』庄勇成《学士仲淳弟传》：『甫十龄，通晓五经，兼及《史》《汉》。随父南村公大兴任所，尝乘师外出据案高坐，朗诵武乡侯《后出师表》文，慷慨唏嘘，至于泣下。识者异之。』

存与与吴氏定亲。陈桂门《蘸花轩摭遗》（载《族谱》卷十八第四十一页）：『雍正中，京师地震，房屋倒塌，压毙极多。吾乡庄方耕宗伯随任大兴县署，书屋三间已倾，寻宗伯不获。震定，发掘瓦砾，两墙对合如龛，宗伯坐其中熟眠，犹未醒也。宗伯夫人吴亦随尊人（指吴龙应。引注。）京邸，方震时，闻梁木格砾声，急避桌下，屋随倾压，赖桌撑拄，得不死。一时同乡官京师者，谓两人他日必贵。遂两家缔姻焉。』

雍正十一年 癸丑 1733 庄存与十五岁 庄培因十一岁

存与、培因随母在京师大兴父任官署。

雍正十二年 甲寅 1734 庄存与十六岁 庄培因十二岁

十月 庄柱补授浙江温州府知府。觐见雍正帝，获赠赏。《雍正朝·宫中官员履历片》（《中国第一历史档案馆藏清代官员履历档案全编》第一册第 228 页）：『庄柱，江南武进县人，四十五岁。由进士雍正五年六月内用庶吉士。六年三月内用大兴县知县。十二年十月内奉旨补授浙江温州府知府。

「人甚明白，似有良心，大有可望成人之才，紧要道员亦似可胜任。上中。」」其中『人甚明白……』为雍正帝接见时口述评语，由近侍笔吏记录于履历片行空处。庄勇成《南村公传》：『举计典，制府李敏达公以公列荐，特恩升授浙江温州知府。请训，召见。蒙赐松花石砚、御制《朋党论》刻本，勖砺有加。』文中李敏达公即李卫，字又玠，江苏铜山人。军功起家，不甚识字，雍正七年任直隶总督。后乾隆三年以五十三岁卒。谥敏达。

存与、培因曾回武进。

存与夫人吴氏来归。据《族谱·世系录》，存与所娶为内阁中书吴玉崙孙女，山西布政使吴龙应女。查《清代职官年表》，吴应龙，江苏武进人，乾隆五年三月由汉广德道授湖北按察使，六年八月迁山西布政使，七年正月三十日革职。又，中华书局1990年版《山西通志》第1425页：吴龙应，乾隆六年任山西布政使。第1485页注：吴龙应，《清代职官年表·布政使年表·按察使年表》均作吴应龙，疑为『龙应』倒。**新婚夫妇旋奉母钱氏之温州官署。**庄勇成《少宗伯养恬兄传》：『年十六，娶吴夫人。随母钱太夫人赴温，行次处郡，夜泊险滩。钱太夫人偕仲淳别居一舟。从人不戒于火，舟焚，几不测。兄仓皇欲过舟救之，失足堕急湍中，得从人救，不死。识者知兄两遭险难，卒无恙，必为一代伟人，故天默佑之如此。』汤芷卿《翼駉稗编》（载《族谱》卷十八下）：『吾乡庄南村先生柱观察温州，接眷赴署，经莺脰湖，舟中失火，风烈日燥，救扑不及，随从及舟人皆跳避小舟去。夫人携两郎一婢正惶遽间，见修堤一线浮出水面，扶携而上，遂得达岸。回首失婢，堤亦不见。须臾家人辈驾大船来，船已灰烬，意舟中人已付一炬。试寻觅，则夫人携两郎坐地哭，皆无恙，大喜，请登舟。岸边拾得檀香三官像各一尊，夫人喜：「大难免，得归功神护。」后建三元阁祀之。』庄勇成《南村公传》：『温郡连山滨海，田少民贫，耕种而外别无他业，惟恃鱼盐之利饮供民食。自设渔、樑两税，又设玉环塗税，而渔利微。盐课每斤六厘，后增加倍，正课之外复有滷耗，为数不赀，而盐法坏。至乐清之骤增征额，双溪之税重，水利之废弛，仓谷之缺乏，皆沿习有年。公一抵郡，洞悉情形，逐一厘革。硗塗遂得免征粮额，则准咨部，小船得免塗税，郡城止征竹木，皆见施行。尝曰：「一弊在民，不啻有病在己，必疾去之而后快。上官意见或歧，可以诚动之也。」初到郡，积案有十馀年不结者，公饬吏呈案，鳞次栉比，详究端末。』

雍正十三年　乙卯　1735　庄存与十七岁　庄培因十三岁

存与、培因回武进家塾读。兄弟俩约此时开始随族伯父庄绍平、庄勇成父，字华奏，号闲亭。伯父庄楷等学制艺。　庄勇成《学士仲淳弟传》：培因『年十三，从吾父闲汀公习举子业，课尝兼人。』庄存与《闲汀公传》（《族谱》卷二十第五十三页）：『公讳绍平，字华奏，号闲汀，存与之从伯也。我庄氏自大参公而后，以文学世其家。阅四世，冏卿、（庄起元。引注。）方伯（庄鼎铉。引注。）两公为同祖兄弟，同登万历庚戌进士，治行著名宦。冏卿为公（指庄绍平。引注。）曾大父，方伯即存与高祖 …… 公为懒庵公（庄嵋生。引注。）第四子，幼颖异，读书研极理窟 …… 益发愤读书，与仲兄萼舒公（庄之棣。庄勇成伯父。引注。）相继补博士弟子员，康熙庚子（康熙五十九年。引注。）领乡荐。家复渐振。公为文，理法密致。每拈一义，反复推勘，腾天潜渊，百变不离乎宗。授徒接引靡倦，击蒙发蔀，如磁引针，俾学者心源日浚，鼓舞而不自知。此存与与弟受业有年，用能举所身受者而缕述之也。凡经口讲指画、拾残膏剩馥以去者，往往取科第如摘颔髭。顾公独泥于礼闱，垂二十年，屡荐不售。晚乃就咸安宫教习，选授湖北宜城县知县……卒于宜……时年五十有八……生子二，长暎，乾隆壬申（乾隆三十七年。引注。）科举人……次勇成，邑庠生，目盲复明，能继父学。公自为诸生孝廉，岁以授徒自给。自为宰及卒，其贫窭倍甚。』庄楷为庄柱长兄，存与大伯父。《族谱·世系录》记其生于康熙六年，卒于雍正十三年。张惟骧《清代毗陵名人小传稿》有庄楷传：『楷字书田，武进人。康熙五十二年进士，官至国子监司业。少有能诗声，里中人目之为「三田」，谓南田恽处士（恽格，字寿平，号南田。引注。）画，秋田陈比部（陈聂恒。引注。）填词，及书田诗也。初，以召试高等，与书局纂修，追简入翰林，年已及艾。其时西崖、（汤右曾。引注。）楼村、（王式丹。引注。）初白（查慎行。引注。）三君子方主盟风雅，题襟挹袖，不以后进视之……归田后耄而好学，次第注释群经，而亦不废吟咏。其于群经虽无成书，而庄氏经学实权舆于书田也。』

稍后，存与始研习经学。从蒋汾功、钱枝起学。据下引，可知存与研习经学始于制艺，学制艺在先。制艺、经学有别，近人不烦详辨。而存与研习经学之始，未见确切记载，姑系于此。庄勇成《少宗伯养恬兄传》：存与『制艺得力于闲汀公。初好金、陈，（指元初名儒金履祥和明初名儒陈献章。引注。）罙入阃奥。晚喜唐荆川。（唐顺之。引注。）研经求实用，则肇端于蒋济航、（蒋汾功。引注。）钱太拙（钱枝起。引注。）两先生。其笃志深邃，穷源入微，独有会心。于汉则宗江都，（董仲舒。引注。）兼取子正、（刘向。引注。）平子。（张衡。引注。）于宋则取裁五子。（指周敦颐、程颐、程颢、张载、朱熹。引注。）于明则欣慕念台、石斋。（指刘宗周和黄道周。引注。）要其寝食弗谖，则荟萃于六经、四子之书，盖自幼耳濡目染，秉承庭训，至天文、舆地、算法、乐律、诸子百家，靡不浏览，由于意所笃好，博观而约取。其得意则高吟剧谈，虽听者欲卧而不止。其沉思则雷霆不闻，昼夜矻矻，必得当而后休。生平无他嗜好，惟喜购买书籍，堆几盈架，所至必携以自随。尝曰：「室中以他物陈设，何如拥书万卷以备实用为有益耶？」又尝云：「读书之法，指之必有其处，持之必有其故，力争乎毫厘之差，深明乎疑似之介，凡以养其良心，益其神智。」自署斋中屏联云：「玩经文，存大体，理义悦心；若己问，作耳闻，圣贤在坐。」其居敬穷理功夫于此大概可见。』蒋姓为毗陵望族，庄氏落户毗陵之初即入赘蒋家，后世代姻好。蒋汾功字东委，号济航。康熙五十年举人，雍正元年进士。《清代毗陵名人小传稿》卷三有蒋汾功小传：『……性纯孝，丧母哀毁。杜门著书，有文誉，以古文名家。通籍后以知县分发湖北，后官松江府教授。课士有法，多所成就。平生屏声色、斥货利，经明行修，颀然长德。每自云：「内重则外轻。膏粱文绣，自不敌吾真乐。」常薄唐韩愈《上宰相书》。性好书卷，自少壮至老，道途藩溷，疾病寝食不少辍。尤邃孟子。文章原本经术，根抵醇厚。弟骥，字涑塍……与兄文元、芳洲、鹏翮、汾功，俱擅文誉……年六十八卒。』《清儒学案》卷五十六《震沧（顾栋高）学案》附录蒋汾功小传，大致如是，末云：『为文原本经术，于《孟子》致力尤深，著《孟子四编》九卷、《读孟居文集》六卷。（参《武阳合志》、杨椿撰《墓志》。原注。）』蒋著《读孟居文集》，《清人别集总目》著录四卷抄本和六卷刻本两种。未检。《清史稿·艺文志》又著录有《蒋济航先生文集》二卷。未见。另据蒋逸雪《南谷类稿》引周葆贻《毗陵文录序》：『吾常自唐荆川以后，以古文名者，如邵青门、董文友，在清初负盛名，一时争相传播。厥后蒋东委、杨农先并称……迄于乾嘉，孙、洪、庄、刘，声施至今。」杨农先即杨椿（1676-1753），蒋汾功挚友。杨椿《孟邻堂文钞》（收入《续修四库全书》）收录有《答蒋东委论春秋书》等与蒋相关文章四五篇，其中未见《清儒学案》所记杨撰蒋传。蒋汾功生卒年失载。张惟骧《毗陵名人疑年录》竟也无考。朱彭寿《旧典备征》卷五《大年·教官》：『蒋教授汾功，八十二。』卢文弨《抱经堂文集》卷三十二《湖广道监察御史蒋公墓表》：『和宁字用安……考讳汾功，雍正首科进士，官松江府儒学教授。通经术，工古文辞。学者宗之，称为济航先生。公禀承家学……教授公既一意古学，有来求应用之文者，率命代之。及去任，无以治生……（和宁）以乾隆十七年皇太后万寿恩科联捷乡、会试，殿试二甲第三人赐进士出身，（《明清进士题名碑录索引》著录蒋和宁为乾隆十七年恩科二甲第六名。引注。）改庶吉士。亟请假归。旋丁教授公艰。服阕，散馆，授翰林院编修……复丁母庄太宜人忧，哀毁奔归……娶同邑庄宜人，内外无闲言。先十年卒。生三子……（和宁）以乾隆五十一年九月初六日卒于杭州之万馆，年七十宥八。」据此可知，蒋汾功之子蒋和宁生于康熙四十八年，乾隆五十一年以七十八岁卒。蒋和宁『以乾隆十七年……亟请假归。旋丁教授公艰。」则蒋汾功约即逝于乾隆十七年。按朱彭寿《旧典备征》所记蒋寿八十二，则蒋汾功当生于康熙十年，本年六十五岁。卢文记蒋汾功及其子蒋和宁妻均为庄氏，当即存与一族。钱太拙名枝起，字云高，号太拙，钱安世长子，存与从舅，乾隆五年以五十五岁卒。咸丰五年锦树堂《重修段庄钱氏族谱》卷十一钱枝起传：『太拙公名枝起，性敦朴，刻苦读书，研求经义，尤邃于三传、毛诗。以岁贡应特荐，在工部营缮司学习行走，精勤能断，为同事所忌，遂以终养告归。」《武进阳湖县合志》卷二十六亦有钱枝起传。钱安世四弟钱名世亦名臣，以康熙四十二年一甲三名进士累官翰林院侍讲，日讲起居注官。尝馆王鸿绪邸，为万斯同助手。雍正元年坐年羹尧事罢归。《重修段庄钱氏族谱》卷十一有传。龚自珍《定庵文集·资政大夫礼部侍郎武进庄公神道碑铭》：「存与……幼诵六经，尤长于《书》。奉封公（庄柱。引注。）教，传山右阎氏（阎若璩。引注。）之绪，学求二帝三王之微言大指。闵秦火之郁伊，悼孔泽之不完具，悲汉学官之寡立多废，愍晋代之作攒与伪，耻唐儒之不学见给大笑，悼唐以还学者之不审是非，杂金玉败革于一衍而不知贱贵，其罪至于亵帝王、诬周孔而莫之或御。盖公自少入塾，而昭昭善别择矣。」

存与长子逢原生。据《族谱》。

乾隆元年 丙辰 1736 庄存与十八岁 庄培因十四岁

存与、培因在武进家塾读。

乾隆二年 丁巳 1737 庄存与十九岁 庄培因十五岁

庄柱在温州知府任，遇风灾。庄勇成《南村公传》：「乾隆二年夏秋间，温郡数有飓风，禾苗大损。大府以远郡偏灾不即奏报。公以地处海隅，不通商贩，不可不预为计……又或以海运有风波之说沮公。公曰：「浙东邻郡皆瘠土，官商运米皆取给于杭、嘉、湖，重山巑岏，水陆间阻，运费不赀，商人必皆裹足，即官米亦必不多。而且时日稽迟，饥民死亡危在呼吸，岂及待耶？」论者语塞。上游察公诚，乃一一如公言，准发盐义仓米一万石，永济仓米一万石，由海运温，以备平粜。并奏明，永济仓米永为温郡。积储仓米及用盐课所买官米不下六万石，皆由海运，风帆不惊，未逾十日悉抵温郡，无颗粒之失。而贾舶亦复云集，平粜设厂，拨赈煮赈，次第设施。灾黎共庆更生，所全活无算。』

庄柱妻从兄钱人麟受托赴台湾购米助赈。钱人麟曾祖与庄柱妻钱氏曾祖为同胞兄弟，见本谱雍正四年。《族谱》卷十八上《盛事》第三页：『书石公讳柱，号南村，与钱铸庵先生人麟为中表兄弟。书石公官浙之温处道，适所属大荒，人相食。公蒿目灾黎，禀请发帑十万赴台湾买米，平粜赈饥。大府驳斥谓：「台湾远隔重洋，须候潮泛，往返稽时，万一船多漂没，帑归何着？实属不晓事体。」正深懊闷，适钱铸庵先生来访，公心绪恶劣，神情索寞。钱怒曰：「至戚远来，未必分润官橐，何遽无中表情？」公告委曲，即求良策。铸庵先生曰：「然则君固身家念重，而视民命轻也？既为监司大员，视有便于民者，能办则办，何必拘拘禀白？君果能出库项，我当为君赴台。君既不惜功名，我亦何惜性命？！」公计遂决，启库出银，铸庵先生连夜起身，泛海去。公移宿城隍庙，祷于神曰：「幽明同有民社之责，如不忍数百万哀鸿就于死地，愿赐帆风，俾米速到，起此沟壑。」果未半月而铸庵先生返，米百馀万石悉集，数郡赖以全活。后公两子长榜眼、次状元。铸庵先生有子文敏公维城，亦以第一人及第。』

乾隆三年　戊午　1738　庄存与二十岁　庄培因十六岁

庄柱在温州知府任。

存与赴京应顺天乡试，未售。庄勇成《少宗伯养恬兄传》：『戊午、辛酉两试北雍，未售。』

培因在武进家塾读。庄勇成《学士仲淳弟传》：『方耕将赴北闱乡试，仲淳年十六即欲与兄偕。南村公谓其年幼，未娴表判、骈体，扃试以经义、表判等题各一。日未暮，诸作毕，完表判，属对工丽，声韵悉谐。观者皆叹以为奇。然南村公终不令往，曰：「若欲速成，吾所不取也。」』

存与次子通敏生。见谱前世系表。

乾隆四年 己未 1739 庄存与二十一岁 庄培因十七岁

七月 庄柱觐见乾隆帝，任浙江温处兵备道。《中国第一历史档案馆藏清代官员履历档案全编》第一册第429页：『乾隆四年七月，内引见。「人不浮而晓事。江南中好些的，将来藩臬都可试用。似结实。直爽人，而讷于言。不似下江喋喋利口之流。」乾隆四年七月内用浙江兵备道。』其中『人不浮而晓事……』为乾隆帝接见时口述评语。又，庄勇成《南村公传》：『旋有中外大臣举可胜道员之诏，合河孙文定公（孙嘉淦。引注。）时为冢宰，举公以应有实能，以爱养百姓为念之奏，擢海防兵备道。』

本年 庄培因夫人彭氏来归。彭氏为彭启丰女。生于康熙六十一年十一月三十日，长培因一岁。庄述祖《珍艺宧文钞·先妣彭恭人行述》：『吾母姓彭氏，自明初世居苏州府长洲县。长宁公讳珑，生侍讲公讳定求。侍讲公生同知公讳正乾，同知公生尚书公讳启丰……尚书公配宋夫人，生四子三女，吾母其长也。吾母年七岁随侍外祖母宋夫人至京师……尤得外祖父（彭启丰。引注。）母欢心。读《毛诗》

《孝经》朱子《小学》之书，皆外祖母所亲授也……乾隆四年，吾母年十八。其冬，府君（庄培因。引注。）往吴中亲迎，及吾母来归庙见后，大母钱夫人甚为色喜。是时大父（庄柱。引注。）官浙江海防兵备道。吾母为新妇，未逾月即偕府君随大母赴海宁，曲尽妇道，事大父母先意承志，与世母吴夫人（存与妻。引注。）交相爱敬，始终无间言。吾母有弟六人，妹二人。伯舅曹州公、（彭绍谦。引注。）仲舅学士公、叔舅朝议公、进士公、（彭绍升。见本谱乾隆三十三年。引注。）季舅黄梅公……仲舅与府君（庄培因。引注。）以学问相切磋，谊尤笃挚。』

乾隆五年　庚申　1740　庄存与二十二岁　庄培因十八岁

庄柱在浙江温、处兵备道任。

乾隆六年　辛酉　1741　庄存与二十三岁　庄培因十九岁

庄柱指挥筑坝于温州尖塔二山海口，因心力并瘁患怔忡。庄勇成《南村公传》：『浙抚卢公奏筑尖塔二山海口，倚公独任其事。潮大溜涌，前人屡筑无功。制府稽奏请停止。公相度形势，两山相距不过百丈，其间波流深或不测，浅止丈馀，惟其厚集人力，在伏泛之前，乘间抵隙，与潮争衡，急则事成，缓则难塞。乃多凿石聚于近岸，又编船集海口，使船不待石，石不待船。俟潮一平，急放船，载石投水。不三月，工竣。用帑不过两万馀金。公日夜劳来，工匠无不偿之值，工员无不均之劳。卢抚异其速，公曰：「惟速故成，若至伏泛，则前功尽弃。曩故言之矣。」奉旨交部议叙，御制碑文有云：「是役也，施力于烟涛不测之区，奏速而民不劳，良用嘉慰。」盖实录也。而公是时心力并瘁，复患怔忡。年五十有二，须鬓皓然，揽镜咨嗟曰：「吾精气耗惫，无职可称，断不宜复恋栈，悮国事。」遂引疾归。』

春　存与、培因同赴京应顺天乡试。存与未售，南返。庄勇成《少宗伯养恬兄传》：『戊午、辛酉，两试北雍，未售。归购《数理精蕴》一书，覃思推算，至得眩晕疾。凡书至繁赜处，他人或望洋意沮，公必欲如视诸掌而后快。』臧庸《礼部侍郎庄公小传》：『戊午下第。归，研究算学，忘寝食，因得眩晕疾。』

培因中举。庄述祖《珍艺宧文钞·先妣彭恭人行述》：『六年，府君举顺天乡试。是岁大父（庄柱。引注。）引疾解任调理。吾母随大母（钱氏。引注。）归里门。』庄勇成《学士仲淳弟传》：培因『年十九，乃与伯氏偕行。一试得受，名噪都下。仲淳眉目韶秀，朗朗如行玉山。早从舅氏钱太拙习书，得晋唐人握管法，学《黄庭》即追橅右军，学《庙堂碑》即神似永兴。其楷书若明珠鲜露，见者钦爱。又善鼓琴，指法、收声，微妙特绝。一时名隽，乐与缔交，户外之履常满。』

乾隆七年　壬戌　1742　庄存与二十四岁　庄培因二十岁

庄柱归里。温郡百姓为建其曾祖凝宇公专祠于邑城隍庙旁。庄勇成《南村公传》：庄柱『……遂引疾归。初，曾祖凝宇公于前明令永嘉，民甚德之，及公为守，德被全郡。至公引疾离浙，

外王父庄宗伯公甲子次场墨卷后》：『嘉庆十有五年，岁在庚午，礼部以各省乡、会试卷向贮南库，间二十科，纷不可容，奏请焚之，以杜传写抄袭之弊。得旨报可。于时历城尹君济源以戊辰庶吉士改官仪部，与典斯役，于败簏中获此卷，重其为先贤手笔，谨藏之。越八年，丁丑，（嘉庆二十二年。引注。）余以庶吉士改官仪部，始识尹君。尹君，故先君子（刘逢禄父刘召扬。引注。）主讲泺源书院时高第弟子，与言及此，怃然三叹，盖是年（即本年。引注。）吾先妣太恭人诞生之年也……先妣又尝谓禄曰：乾隆甲子科，先期，上闻士习不端，怀挟拟题之风日甚，思痛惩之。命亲王大臣严立搜检之法，得一人者赐军役一金，士子褫及亵衣，贡院内外棚栅相属。比日晡，受卷入场者寥寥也。公（指存与。引注。）与同里阎三司空俱退归寓舍，将就寝矣，忽传旨：尽放进。比钦定命题下，曳白者乃至两千馀人。下诏切责，并裁减各省中额，而公与司空俱于是科获隽。公出永济崔公纪之门，且曰「合观三场，读书真种子也。」即连捷，登上第。』

四月 十日，辰时，存与次女生。刘逢禄《先妣事略》（道光十年刘氏思误斋家刻本《刘礼部集》卷十第二十五页。）：『太孺人姓庄氏，世为里中望族，幼尝逮事外曾王父浙江海宁兵备道南村公暨外曾王母钱太夫人，南村公邃于理学，尝授以《毛诗》、《小戴记》、《论》、《孟》及《小学》、《近思录》、《女诫》诸书。外王父礼部侍郎方耕公为当代经学大儒，又获闻六艺、诸史绪论，故自幼至老，酷耽书籍。』

乾隆十年 乙丑 1745 庄存与二十七岁 庄培因二十三岁

春　存与应会试，中一甲二名进士，授编修。旋乞假南归。据《清秘述闻》，本年会试考官为史贻直、阿克敦、彭维新、钱陈群。题『孰为夫子　而立』，『人皆曰予』四句，『于季桓子』三段。本年会元蒋元益，状元钱维城，（见后引。）探花王际华。庄勇成《少宗伯养恬兄传》：『甲子、乙丑联捷，胪传一甲第二，授职翰林院编修……旋乞假省亲，家居年馀。日居子舍，敬听父训。曰：「吾初服官，所未信处极多。必服膺父训，事事始得指南。」』钱泳《履园丛话》（中华书局 1979 年版第 346 页）：『培因少时颇自负才华，不作第二人想。乾隆乙丑，其兄方耕少宗伯存与榜眼及第，时学士犹未捷南宫也。赋诗调之云：「他年小宋魁天下，始信人间有弟兄。」后果中甲戌状元。』诗中『小宋』用宋代宋庠、宋祁兄弟同中会试，弟名次在前典。

钱维城　本年二十六岁。同科状元。吴振棫《养吉斋丛录》（北京古籍出版社 1983 年版第 366 页）：『钱稼轩维城，年少有才。客京师，为尚书公讷亲所赏，遂相结纳。乾隆乙丑殿试，讷方贵幸，非科目出身而命读卷。稼轩遂得大魁。榜眼存与，则稼轩内兄也。两家比屋而居。毗陵人皆啧啧叹羡。』周腊生《钱维城夺魁内幕》（据《清代状元奇谈·清代状元谱》）：『乾隆十年乙丑科状元钱维城，字幼安，号稼轩，江苏武进人……十九岁在顺天考场中举。乾隆壬戌年，试用为内阁中书，其时才二十三岁。他客居京城，年少才高，工书善画，颇为朝中大臣所赏识。当时的吏部尚书、协办大学士、满洲人讷亲对他更是爱护备至，两人交往十分密切……钱维城不光聪明敏捷，而且办事认真，精通刑律，长期任刑部侍郎之职，深得乾隆帝宠信。正拟重用，他却在五十三岁上就去世了。乾隆帝对此十分惋惜，特旨赐他尚书衔，谥文敏。（照例，侍郎是不够格得谥号的。原注。）』

武进欢庆。庄勇成《南村公传》：『岁在乙丑，钱文敏公以第一人及第，养恬大兄以第二人及第，皆具庆。当事请两太夫人、（指钱维城母及庄存与母。引注。）两少夫人（指钱维城妻及庄存与妻。引注。）同行撒谷礼。』《族谱》卷十八上《盛事》第四页：『俗例，状元夫人当登城撒谷，榜眼、探花夫人不与焉……至乾隆乙丑，状元钱维城、榜眼庄存与俱江苏武进人，亦在同城，有司援例以请。两家各有母，且钱母为嫂，庄母为姑，姑嫂俱率子妇登城撒谷，一时传为佳话。』

培因在宫中内阁中书任。庄述祖《珍艺宧文钞·先妣彭恭人行述》：『十年，府君下第后与吾母书，有「不作第一人不归」语。时世父（庄存与。引注。）已入翰林，同僦邸舍以居。是年外祖父（彭启丰。引注。）以督学浙江还朝，外祖母（宋氏。引注。）复至京师。大父母（指庄柱夫妇。引注。）命吾母随侍北上，而吾母之拮据劳瘁由是始矣。到京甫一月，外祖父母奉外曾祖同知公讳□□（正乾。原阙。引注。）丧回籍，益茫茫然无所依。』

乾隆十一年 丙寅 1746 庄存与二十八岁 庄培因二十四岁

存与由武进返京，入翰林院庶常馆。

正月 存与兄弟陪同刘纶等面试朱筠、本年十八岁。朱珪兄弟。刘纶，武进人，召扬父，逢禄祖。罗继祖《朱笥河先生年谱》：『正月，顺天府尹常州蒋公炳邀其同乡刘文定公纶、程文恭公景伊、钱文敏公维城、侍郎庄公存与及其弟培因，设宴召先生兄弟（指朱筠、朱珪。引注。）面试，刘公授题

《昆田双玉歌》。诗成，诸公惊喜。翌日皆造访先生。』徐世昌《清儒学案·方耕学案》于方耕交游仅列朱珪一人，注云：『方耕《遗书》中未见与交游论学之语，同时诸儒亦少讨论相及者。惟朱文正为序《春秋正辞》云：「同官近禁，朝夕论思，无间术业。」故仅录一人。阮文达虽序其《遗书》，云：「与其孙隽甲同举于乡，未及修相见礼。」』

培因在内阁中书任。

同邑洪亮吉生。

乾隆十二年　丁卯　1747　庄存与二十九岁　庄培因二十五岁

存与在翰林院庶常馆。培因在内阁中书任。

乾隆十三年　戊辰　1748　庄存与三十岁　庄培因二十六岁

五月　庶常馆散馆考试，存与列二等之末，未授职。《清史列传·庄存与》：『十三年五月，散馆，考列二等。谕曰：「历科进士殿试一甲第一名即授为修撰，二名、三名即授为编修，至散馆时，并无所更易。伊等恃已授职，遂自甘怠忽，学业转荒。即如今年散馆，修撰钱维城考列清书（指满语。引注。）三等，编修庄存与考列汉书（指汉语。引注。）二等之末，其不留心学问已可概见。但钱维城系派习清书，或尚非其所素习，着再试以汉书，候朕阅定。庄存与不准授为编修。俟引见时朕酌量其人才，或以部属，或以知县，或归班选用。则此后一甲之人皆有所警而专心学问。若有仍考列三等者，其例视此。」』**因汪由敦进言，存与仍留庶常馆。**汪由敦时任经筵讲官。庄勇成《少宗伯养恬兄传》：『兄笃志好学，而疏于应酬。迄入都就职，不甚当掌院意，（据《清代职官年表》，本年翰林院掌院学士为张廷玉。引注。）散馆名次不前，与钱殿撰维城同拟散补外任。汪文瑞公由敦深知兄务实学，钱亦才敏绝人，亟言于上，二人乃并得留馆三年。』

乾隆帝知存与留心经学。《清高宗实录》卷三一五记乾隆帝云：『庄存与此次散馆考试诗赋虽平常，闻其平时尚留心经学，着再教习三年。』

冬

存与夫人来京。见下引。

培因入直军机处。庄述祖《珍艺宧文钞·先妣彭恭人行述》：『十三年，世母吴夫人（指存与妻。引注。）来京师，相见甚欢。是岁冬，府君（庄培因。引注。）入军机处办事，每入直，具肴榼，必精腆，足供数人食。府君在军机前后七年，銮舆巡幸，屡派扈从，居恒辨色而入，遇事立应。下直即宾朋满座，而求诗文及书者坌集。往往炳烛挥毫，不暇问家事。吾母主持中馈，咄嗟立办，实皆典质以供者也。』又《族谱》卷十九第二十七页：培因『入军机房办事。性廉慎，不一交贵财势力人。于同官执友则敦重气谊，有缓急，虽空囊必拮据以助。博览强识，诗、古文气体高秀而敏赡绝伦。工书法，每扈跸，于行帐中录章奏事，有急宣，或不得据几案，手一摺匣疾书，而工整无急遽态。』庄勇成《学士仲淳弟传》：『未几，命入军机处行走。赞机务，能悉款要，才名籍甚。尚书汪文瑞公，（汪由敦。引注。）大学士傅忠勇公，（傅恒，乾隆帝内弟，封一等忠勇公。引注。）亲爱尤密，尝曰：「此才非鼎元一席无以位置。」』彭启丰《翰林院侍讲学士庄本淳婿墓志铭》（《虚一斋集》前附）：培因『办事军机处，常扈跸。凡历栏五台、嵩山，昼则驰驱山隘，夜从行帐中，录写章奏。事有急宣，主者具稿命誊缮，操纸急书，工整无与匹。』查十三年至十八年间，乾隆帝出行三次。十三年二月之德州，时培因未入军机处。十五年二月奉皇太后西行至五台山，同年十月再奉皇太后南巡，至明年五月还京。彭撰《墓志铭》称培因『常扈跸』，推知十五、十六年两次出行，培因均随行。

乾隆十四年　己巳　1749　庄存与三十一岁　庄培因二十七岁

存与在庶常馆候用。

培因在军机处，尝扈从木兰。庄述祖《珍艺宧文钞·先妣彭恭人行述》：『十四年，府君扈从木兰，于途中感寒疾，至家益剧。吾母医祷百方，始获就愈。即恳世父母（指存与夫妇。引注。）以宫允从父仲兄为嗣，世父母颇难之。吾母尝为不孝）言：「彼时适有不幸，当以身殉。今所以不死者，为留汝一线故也。」』作乐府《铙歌鼓吹曲七章》，歌颂对金川用兵事。收入《虚一斋集》。

常郡庄氏致仕居里者组成南华会。《族谱》卷十八下《盛事》第四十二页：『乾隆十四年，郡中庄氏致仕居里者为南华会，一门耆硕，杖履讌集，倾觞赋诗，一时称盛。征君宇逵尝辑其唱和诗并各系以谱传矣。』前此，庄柱等曾组九老会。庄勇成《南村公传》：庄柱『归田后为凝宇公建立专祠，蓄积公产，所费不赀，皆独力支办。未几黄梅公与射洪公相继解组，憩息林泉，友于花鸟，导迎善气。诱掖后进，惟恐不及。人就之者，如坐春风中。时我庄氏仕而在籍，年自九十以上，下迄既满周甲者，共有九人。相与赋诗、燕饮，为「九老会」。诗有「九人六百三十岁，林下相逢尽一家」之句，一时称为佳话。」

乾隆十五年 庚午 1750 庄存与三十二岁 庄培因二十八岁 庄述祖一岁

存与在庶常馆候用。

培因在军机处。传与梨园方俊官相狎。赵翼《簷曝杂记》卷二：「京师梨园中有色艺者，士大夫往往与相狎。庚午辛未间，庆成班有方俊官，颇韶靓，为吾乡庄本淳舍人所昵。本淳旋得大魁。后宝和班有李桂官者，亦波峭可喜，毕秋帆（毕沅。引注。）舍人狎之，亦得修撰。故方、李皆有状元夫人之目，余皆识之。二人故不俗，亦不徒以色艺称也。本淳殁后，方为之服期年之丧。」

二月 培因扈从五台山。

十月 培因又扈从南巡。见乾隆十三年。

十二月 十三日，西历 1751 年 1 月 10 日。培因长子庄述祖生于北京。《族谱》卷三《世系录》：「述祖，行一，字葆琛，号珍艺，晚号檗斋。培因子。生于乾隆庚午十二月十三日。」庄述祖《珍艺宧文钞·先妣彭恭人行述》：「十五年，外祖父（彭启丰。引注。）服阙来京师。十二月，不孝生。先是伯舅曹州公（彭绍谦。引注。）过常郡，谒大父母，（指庄柱夫妇。引注。）大母以百金置伯舅怀中，盖稔知吾母持家作苦，将届分娩，又恐大父以为过费也。伯舅至京，以致吾母。吾母分为二，以五十金致世母，（指存与妻吴氏。引注。）曰：「高年之心，悬悬三千里外，盍易人参寄归？亦稍尽我二人妇职也。」」

乾隆十六年　辛未　1751　庄存与三十三岁　庄培因二十九岁　庄述祖二岁

五月　存与觐见，授编修。《清史列传·庄存与》：『十六年五月，引见，仍授编修。』庄勇成《少宗伯养恬兄传》：钱维城与庄存与『留馆三年。上见兄（指存与。引注。）所进经义，宏深雅健，穿穴理窟。又尝烛香命题试钱，香未半而诗赋皆就。始信文端所举（见乾隆十三年。引注。）不虚，于是散馆后皆不次拔擢。』

十二月　存与充湖北乡试副考官。《清史列传·庄存与》：『十六年……恭逢孝圣宪皇后六旬圣寿庆典，特开乡、会恩科，命于次年春举行乡试。十二月充湖北乡试副考官。』

本年　培因在军机处，或随行江南。见乾隆十三年。

乾隆十七年　壬申　1752　庄存与三十四岁　庄培因三十岁　庄述祖三岁

存与任湖北乡试副考官，恩科会试同考官。据《清秘述闻》，本年乡试三月举行。湖北主考官为窦光鼐。

六月 大考，存与列二等，升侍讲，入直南书房。据《清史列传·庄存与》。以董子《春秋》之学受知于乾隆帝。庄勇成《少宗伯养恬兄传》：『上知兄学有根柢，极好深湛之思，可备顾问，命入南书房行走。』朱珪《春秋正辞序》（味经斋遗书本《春秋正辞》前附）：『前辈少宗伯庄方耕先生，学贯六艺，才超九能，始入翰林，即以经学受主知……畴昔之岁与余同官禁近，朝夕论思，无间术业。挹其渊醇，如饮醇醴。窥厥原本，疑入宝藏。洵当代之儒宗，士林之师表也。』此为嘉庆六年所作。朱珪乾隆十三年以十八岁中进士。本年二十二岁，与存与同在翰林院，为编修。刘逢禄《刘礼部集·记外王父庄宗伯公甲子次场墨卷后》：『大考翰詹，拟董仲舒《天人册》第三篇，公素精董子《春秋》，且于原文「册曰」以下四条一字不遗。上大嘉叹，即擢侍讲。』按《汉书·董仲舒传》全文记录董仲舒答汉武帝询问之三篇长论，论及天道、人世、治乱等，史称《天人三册》或《天人三策》。后人有谓其为班固伪造者。刘所记，大意为存与是次试卷不仅对《天人三册》第三篇的解释完全称旨，并默写出了全部原文。

本年 培因在宫中军机处。

乾隆十八年 癸酉 1753 庄存与三十五岁 庄培因三十一岁 庄述祖四岁

六月 存与擢翰林院侍读学士，充湖北乡试考官。《清史列传·庄存与》。

九月 存与提督湖南学政。《清史列传·庄存与》。

本年　培因在宫中军机处，上《起居注书成奏》。载《虚一斋集》卷五。

同邑孙星衍生。

乾隆十九年　甲戌　1754　庄存与三十六岁　庄培因三十二岁　庄述祖五岁

存与在湖南学政任，接母往住。

春　庄培因在北京中状元。《族谱》卷十九《传记·文学传》第二十七页：培因『乾隆甲戌进士第一人。官修撰，充日讲起居注官，撰翰林应奉文字，词旨平易，纯茂典雅，有古人风力，一时艺林传诵，咸以为法。寻擢右中允，逾年授侍讲学士。』庄勇成《学士仲淳弟传》：『自辛酉至甲戌，凡一周星，四阅礼闱，而未售者二，以兄分校回避者一，以笔画微讹屏不得终场者一，至是年三十有二……试文英气喷涌，瑜光烛天，传播四出。至榜发，仲淳中第三名。廷试以二甲第一进呈。上阅前三卷不甚当意，至仲淳卷曰：「此卷通晓事理，甚得政体，不宜做状头耶？」乃易置一甲第一。时久旱望雨甚切，传胪前一日乃大雨，上大喜，顾侍臣笑曰「可谓状元雨矣。」……初，南村公廷对、写作具佳，进呈第一，后易置二甲第二，张文和公（张廷玉。引注。）意甚惜之，尝语人曰：「庄某宜元而不元，稍抑于前，必厚偿于后。」至方耕、仲淳俱从二甲悉御览擢至一甲，天意、帝心默相符契，莫之为而为，文和之言至是始验。是年七月以原衔充日讲官、起居注修撰。在馆即侍讲幄，未有如仲淳之速者。诸掌院即以馆事相委，兼令撰文，仲淳以未散馆辞。』是科榜眼王鸣盛（本年三十三岁）、探花倪承宽（后庄述祖娶倪承宽女），纪昀（三十一岁）、朱筠（二十六岁）、王昶（三十岁）、钱大昕（二十七岁）皆同年进士，史称名榜。据《清秘述闻》，本年会试考官为陈世倌、满洲介福、钱维城。**照例拜见考官时，培因岳丈彭启丰居主位。**庄述祖《珍艺宧文钞·先妣彭恭人行述》：『十九年，外祖父（彭启丰。引注。）还朝。（指彭自浙江学政任还朝。引注。）而府君（庄培因。引注。）以第一人入翰林。归第之日，外祖父居主位。一时盛事，共以为词林佳话云。』

培因捷报传至湖南，存与循例请于辕门易巡抚旗为状元旗三日以示报恩。庄勇成《少宗伯养恬兄传》：『岁在甲戌，兄任楚南学政，迎逢钱太夫人于官署，而仲淳弟状头之报适至，兄从容问吏：「可拽旗以表殊恩否？」有老吏前跪白云：「昔常郡赵公讳申乔者，于康熙年间为湖南巡抚时，得公子及第之报，曾于辕门易巡抚旗为状元旗三日。今太夫人在署，与前事相符，允宜揭旗以彰盛事。」兄爱入告钱太夫人而从之。迄今楚南称为美谈。』

彭启丰告归，培因送别。彭启丰《翰林院侍讲学士庄本淳婿墓志铭》（《虚一斋集》前附）：『甲戌捷南宫第三，殿试，皇上亲阅卷，特置第一。先是，乙丑科伯兄方耕以第二人及第，兄弟竞爽，时称二难焉。甫授职，即充日讲起居注官。其为文端雅朴茂，胎息纯古，往往类南丰。余宦京师，得相日夕者数载。迨本淳成进士，而余适引告归，送至芦沟而别。』

冬

存与母钱氏还武进，地方官员请补行撤谷仪式。庄勇成《南村公传》：『仲淳大魁，时彭夫人在都下，太夫人在养恬兄湖南学政署中，是年冬旋里，当事复请补行撤谷。阖郡男妇长幼比肩叠趾，争睹太夫人鱼轩，咸谓郡城数十百年稀逢盛事，而太夫人两行之，尤为罕觏。』《族谱》卷十八上《盛事》第四页：『庄母次子魁天下，而子妇在京，有司遂专请庄母撒谷。一妇人两度撒谷，尤世所罕见。』

本年　庄述祖随居在京。

培因作《圣驾东巡恭谒祖陵大礼庆成赋》及序、《殿试对策》。俱载《虚一斋集》。

朱筠与培因交。

存与三子选辰生。

乾隆二十年　乙亥　1755　庄存与三十七岁　庄培因三十三岁　庄述祖六岁

培因在翰林院庶常馆。

四月　存与迁少詹事。据《清史列传·庄存与》。

六月　存与擢内阁学士，兼礼部侍郎、南书房行走。据《清史列传·庄存与》。庄勇成《少宗伯养恬兄传》：『癸酉（乾隆十八年。引注。）冬，由詹事府少詹事授湖南学政，未满任即升内阁学士，兼礼部侍郎。计自散馆后不数年，晋秩卿贰，留馆稍迟而升迁特疾，迟速若相补然。』其时常以古官称『少宗伯』代称礼部侍郎，此后亦有称存与『少宗伯』者。

本年　培因作《圣谟广运平定准噶尔功成恭记》雅三篇及序、《虚一斋集》卷一。《翰林院恭进平定准噶尔大功告成诗册奏》。《虚一斋集》卷五。庄勇成《学士仲淳弟传》：

『伊犁平定，上诣阙里告成，仲淳与少司马两钱公（指钱维城，钱大昕。引注。）同派随驾，恭和御制题。三人同于途次口占，时同行者咸指为马上诗坛云。』

述祖随母在京。

乾隆二十一年 丙子 1756 庄存与三十八岁 庄培因三十四岁 庄述祖七岁

八月 存与充浙江乡试正考官。据《清史列传·庄存与》。龚自珍《定庵文集·资政大夫礼部侍郎武进庄公神道碑铭》：『公性廉鲠，典试浙江，巡抚馈以千金，不受，遗以二品冠，受之。及途，从者以告曰：「冠顶真珊瑚也，值千金。」公惊，驰使千馀里而返之。』朱筠《笥河文集·祭庄公文》：『惟宗伯公，（指存与。引注。）为公（指庄柱。引注。）冢子，黻黼之学，佐乎盛世。其仲本淳，列官学士。梧桐凤凰，天子所使。二子在朝，公老于南。士林想慕，古之达尊。闻公诲子，致书每云：「以正服官，以谦持身」……丙子乡试，使者四出。本淳奉命，有闽之役。宗伯于浙，若先后躅。二子将事，道并出常。陈词省亲，天子所详。曰「汝毕试，徐来弗遑。」异典盛事，伯仲肃将，便道还家，留十馀日。公与夫人，朱颜黄发，六亲咸来，吴语满堂。』

培因充福建乡试正考官，作《丙子福建乡试录序》。《虚一斋集》卷五。

存与次子庄通敏中举。

试毕，存与、培因均回武进省亲。庄勇成《南村公传》：『岁在丙子，养恬为浙江正主考，仲淳为福建正主考，道出里门，皆乞假十日，于试竣省亲。而养恬次子通敏即于是科江南中式。亲党登堂称庆。』《族谱》卷十八上《盛事》第四页：『乾隆丙子……柱长子方耕侍郎典试浙江，次子本淳学士典试福建，便道归省。嘉禾钱香树少司寇（钱陈群。引注。）赠句曰：「殿上卿云传两见，膝前天使喜同归。」一时盛事，乡里荣之。』庄勇成《学士仲淳弟传》（《虚一斋集》前附）：『丙子秋，钦点主福建乡试，方耕典试浙江。浙闽连省，皆道出常郡。共奏试竣，给假省亲。先后抵家，跻堂奉觞，为父母寿。亲党汇集，欢然称庆。嘉禾钱香树先生赠句云：「殿上卿云传两见，膝前天使喜同归。」一时称为盛事。闲常论南村公与钱太君之所尤奇者有三：生二子皆鼎甲，一奇也。乙丑、（乾隆十年。引注。）甲戌（乾隆十九年。引注。）十年之间，太君以一身两行撒谷盛典，二奇也。丙子岁弟兄同奉命主试，而又连省闽浙，俾后先归里，奉觞二亲。此即臣私下望圣之私，亦不敢妄冀及此，乃圣主不啻默体而曲遂之，尤为不世之奇逢也。』

九月　存与提督直隶学政。据《清史列传·庄存与》。

本年　庄述祖侍母彭氏居北京，未南归。庄述祖《珍艺宧文钞·先妣彭恭人行述》：『二十一年，府君典试福建，世父亦典试浙江，顺道乞假归省。吾母叹曰：「兄弟同归称庆，洵天伦乐事。我违色养已二十年，病骨支离，未知何时得还故土。」每一念及，不禁泪涔涔下也。』

乾隆二十二年　丁丑　1757　庄存与三十九岁　庄培因三十五岁　庄述祖八岁

二月　二十六日，乾隆帝南巡过常州，赐赏庄柱。光绪五年刊本《武进阳湖县志》卷首《巡幸》第十页：『乾隆二十二年，高宗纯皇帝恭奉皇太后南巡……二月二十六日过常州……赐封资政大夫刑部左侍郎钱人麟、封资政大夫礼部右侍郎庄柱缎四端、御书石刻各一。』庄勇成《南村公传》：『丁丑圣驾南巡。南村公跪接河干，恭进《载幸江浙颂》。恩赐内府缎四端、御书石刻。得蒙是赏通省只有九人，而公与钱铸庵居其二，艳称为异数云。』钱铸庵即钱人麟，庄柱妻从兄。

春　培因任会试同考官，晋右春坊右中允。述祖随居京。庄勇成《学士仲淳弟传》：『主试时，初得各房荐卷，谛观迟久，不一落墨。曰：「吾会榜成名稍迟，然年已才逾三十，不可谓不易。棘闱中齿倍长于我、备历艰辛者何限，我敢苟简从事耶？且上之待我弟兄极厚，脱不自勉，无以对君父，即无以对天地。」在闱中凡二十昼夜，卧不安席。榜发，共庆得人。复命奖励有加。』庄述祖《珍艺宧文钞·先妣彭恭人行述》：『二十二年，府君晋右春坊右中允。十一月，六妹生。吾母以积劳，气血耗损，产后又血晕久之。时不孝已八岁，不忍令离左右。』

本年　存与在内阁学士任，兼礼部侍郎，南书房行走。曾整顿直隶科考秩序，查办冒籍生员，获乾隆帝支持。《清史列传·庄存与》：『二十二年奏：「直隶冒籍生员，自首改正，每学多至五六十名，少者十五六名，尚有未经查出者。恐此后有将本身入学姓名令兄弟子侄顶替，甚或卖与各省童生顶名呈首，或本人自首于北，而他人顶替于南。若但据自首改回，弊恐不少。请将冒籍各生，暂停南北岁科两试。定限一年，着落本身自首，即据所首姓名、三代籍贯，一面咨礼部存案，一面行该省取具父师、亲族、邻里，切实甘结，地方官加具印结，方准咨回该省学政入册。如查有假冒项替，照例办理。首明虽限一年，咨查需日，己卯乡试应停收考录送。」下部议行。』

乾隆二十三年　戊寅　1758　庄存与四十岁　庄培因三十六岁　庄述祖九岁

庄柱自归里即主持续修族谱事，今年因疾剧移与族弟，为述体例。见明年引。

存与在内阁学士任，兼礼部右侍郎，南书房行走。

二月　存与整顿满洲子弟科考秩序，并请酌减大省举人名额，均获乾隆帝支持。《清史列传·庄存与》：『二十三年二月，存与考试满洲、蒙古童生，因不能传递，各童生拥挤闹堂，经御史汤世昌奏参，命革存与职。寻谕曰：「庄存与于考试童生闹场一案，既不能奏参于前，及朕面召询问，又不据实陈奏，是以将伊革职。但各童生喧闹，究因该学政办理尚属严密，不能传递之故。今既审明情节，而该学政竟因此罢黜，殊非惩创恶习之意。庄存与著带革职，仍留内阁学士之任。」又谕曰：「朕以满洲、蒙古童生皆世受豢养之人，乃不知遵奉教约，恣效外省恶习，此于八旗风俗大有关系，不可不严行根究。乃派出查审之大臣等，于案内情事并未严行穷究，而议罪之处又不允当，所审皆旗人，故不能不掣肘；而朕岂肯一任其意存瞻徇而颟顸了事耶？当经亲临复试，随获挟带如许之多，因复亲加鞫讯，务得实情。而童生海成系包揽传递、首先倡议闹场之犯，一闻复试，辄将闹场时带出之卷，倩人补作，捏饰投递，希图狡脱，已属刁顽，至在场放鸽传递、包揽受贿各情，业经罗保等供证确凿，乃于朕前又复挟仇诬陷和安（即得奚讷），肆其狡狯，抗不吐实，及加严讯而狂悖无礼，竟有何不杀之之语。满洲世仆中有如此败类，断不可留矣。因降旨，将伊正法！其附和闹场之罗保、和安，并搜出怀挟；又复强辩之讷拉善，俱发往拉林种地！至随从闹场及挟带草稿、字片之乌尔希苏等四十人，本应如议发遣，但既经训责示惩，俱从宽，令其在旗披甲，永远不准考试！满学教授旺衍系专管伊等之人，临时已不能约束，而大臣等询问，伊尚模棱含糊，不肯吐实，着发往热河披甲！此次庄存与所录尚属秉公。而交卷之人非闹场之人可知，著加恩，仍准作生员。」寻奏：「请酌减各直省乡试官卷中额。」谕曰：「前据庄存与条奏各直省乡试官卷应酌减中额一摺，随经蒋溥奏请将官卷裁去，一并归入民卷，均交大学士、九卿议奏矣。朕昨敬阅《圣祖仁皇帝实录》，内载上谕：令大臣子弟另编字号，考试取中，既以肃清弊端，又不致有妨孤寒进取。恭览之下，仰见皇祖慎重科名，嘉惠士子。立法之始，本为防弊，而彼时诸臣奉行者，不无偏袒子姓亲族之见，含糊具奏，分定中额，未免过多，遂使以怜恤寒畯之意，转成侥幸缙绅之路。揆之情理，实未允协。此议减、议裁者所由来也。朕思中额贵有限制，而立法务在均平。嗣后各直省乡试官卷，于现在定额中斟酌公当。大省二十名取中一名，中省十五名取中一名。边省官卷本属无多，不妨稍宽其额，每十名取中一名。如此办理，则官卷既免滥取之弊，亦不致有妨孤寒。不必去官卷之名。而于制科取士、兼收并采之道，庶为平允。其如何酌量妥办，无致偏枯，并着大学士、九卿详议具奏。」旋议定：「直隶、江南、浙江、江西、福建、湖广等大省官生，二十名取中一名，三十一名取中二名。山东、河南、山西、广东、陕西、四川等中省，十五名取中一名，二十三名取中二名。广西、云南、贵州等小省，十名取中一名，十六名取中二名。顺天乡试，满洲、蒙古、汉军照小省取中。南北贡监照中省取中。不及额者，归民卷。」从之。又奏：「磨勘旧例，内笔误二三字停会试一科与字句偶疵不妨宽贷一条，前后互异。请嗣后字句疵谬，罚停会试一科。笔误无关弊窦者，免议。」又奏：「场内经题，向例同考官先拟，考官书签掣用。请嗣后令考官自拟，以杜同考官代士子预拟经题之弊。」均如所议行。』

四月　存与擢礼部右侍郎。据《清史列传·庄存与》。

本年　培因晋侍讲学士，旋督学福建，夫人彭氏及述祖留武进。庄勇成《学士仲淳弟传》：『散馆后，擢中允，擢侍讲，擢学士，统计不满两年，旋奉督学八闽之命……阅卷必一一评较，以拔其优，即落卷亦必复视之，往往烛屡拨而不已，写案吏往往至漏数十刻以为常，或规以何自苦如此？曰：「有一文不寓目即似有无数佳文遗坠败卷中，虽卧亦不成寐。朝廷命我为学政，敢为自逸计耶？」仲淳少年时一目十行，灼灼如亥，既及留都下日久，供职归寓，求诗文求书画者错趾以待，仲淳又事必求工，心如旋床不能自止，精力耗费已如竭泽而渔。在闽一岁有馀，形神大减。』彭启丰《翰林院侍讲学士庄本淳婿墓志铭》（《虚一斋集》前附）：『晋侍讲学士。旋奉旨督闽学政。闽之士悦其来也，争趋迓之。甫下车，即拜刘子羽、朱紫阳、黄勉斋、真西山诸名贤祠，遂举以为多士勖。其为政，以端士习、敦教化为亟务。闽人多桀黠，好讦讼。本淳谓「学校风尚，人心淳伪之本，尤当首先礼让。」有讼者委曲谕之，莫不感悔。第试文甲乙，必反复数次，漏下数十刻不自休，至忘寝食。行郡校士时，每捆载书籍以给寒士。在任一年，闽人咸谓使者公且明，颂声闻都下。』

述祖始入家塾随堂兄庄逢原学。逢原为存与长子，本年二十四岁。庄述祖《珍艺宧文钞·先妣彭恭人行述》：『二十三年，府君晋侍讲学士，即奉恩命提督福建学政，吾母始欣然曰：「吾还家有日矣。」然数载冰衔，衣饰典尽，寝室户后质票几满。不孝虽幼稚，迄今思之尤在目前。自支领养廉路费外，皆出假贷。时伯舅为山左县令，于途次出迎，亦从商贷，始克抵家。吾母尝训不孝曰：「人知汝父之好宾客、乐施与，不知汝父之廉介绝俗也。方为学使时，债负累累，道出维扬，鹾院运使致赆仪，而运使与汝父交素厚，似无不可受者，汝父托他辞却之，实不欲以过客扰盐政也。我虽未同往学使署，而精白一心以报知遇，即此可推。不幸仅止于此，岂非命耶？为子孙者不可不知也。」既抵家，登堂见大父母。大父已就衰，步履不能如平时。府君暨吾母喜惧交集。府君既奉命，不能久淹，遂就道。留吾母侍奉大父母。吾母亦赴吴中归宁外祖父母。外祖父（彭启丰。引注。）患疡已半载，吾母率外孙男女于卧榻问起居，亦惧之念多，喜之念少……留未及一月即归。至七月间外祖母病日加，即驰赴，而势已危急，遂剪臂肉和药以进，率不效……及十一月，大父患下痢症，至明年二月转剧，四月后病日甚，吾母每夜半焚香叩祷，乞以身代……不孝质钝劣，幼不知向学。南归时已九岁。府君寄吾母书云：「四儿肯勤读否？我在此办理考试，无不尽心。场规虽严，从未轻呵斥以士子，和平乐易，劝勉谆谆。似他日我子纵不能读书，决不至十分下流，此可以天理信之者也。」……是年五月，吾母返自吴中，即命不孝受业于从父伯兄玉泉先生。」庄逢原号玉泉。

乾隆二十四年 己卯 1759 庄存与四十一岁 庄培因三十七岁 庄述祖十岁

存与在内阁学士任，兼礼部侍郎、南书房行走。

仲春　培因在福建学政任。

庄柱为即将梓成之《族谱》撰序一篇。见载《族谱》卷首，略云：『戊寅（去年。引注。）之春余日遘疾。卫瞻之弟箕陈暨守先（卫瞻、箕陈、守先及明年条引存与撰《族谱》序中所称学凌、邹学、润千等俱为庄氏族亲。引注。）来告：「（族谱）将缵而成之。」余心喜，病为小愈，语之曰：「贵本而亲亲，人之道也。以始迁之祖统之而无旁及，则谊专而有伦。支子各稽其五服之亲，以合于大宗，则易详而不谬。」于是箕陈为之举例若干条，皎若列眉。余知斯谱之可计日成也，因书而为之引。乾隆岁次己卯仲春，第十一世柱谨撰。』

四月　存与奏请各省优生赴京朝考不拘人数。《清史列传·庄存与》：『二十四年四月奏：各省优生赴京朝考，请照「考试续后拔贡不拘人数」之例，一体办理。从之。』

六月　八日，庄柱以七十岁卒于武进。《族谱》卷三《世系录·第十一世》第三十页：『柱……卒于乾隆己卯六月初八日，寿七十。』

存与、培因归里。《清史列传·庄存与》：『闰六月，丁父尤。』庄述祖《珍艺宧文钞·先妣彭恭人行述》：『及遭大故，大母（指钱氏。引注。）高年伤恸，而府君（指庄培因。引注。）暨世父母（指存与夫妇。引注。）皆不在膝下，惟吾母（指彭氏。引注。）及两从兄（约指存与子。引注。）同奉含敛。府君在闽闻讣哀毁，迫切奔丧，抵建安之石牌，（在福建大田县。引注。）疾作。盖涖任凡十有四月……必亲详阅……而精力耗备，心血已竭。至是以过毁感疾，遂一发而不可救。抵家日，形神几离，扶舁至丧次，悲号声不能相续，举家惊惶，翼日遂弃不孝等而逝。呜呼痛哉！吾母叠遭大变，痛不欲生，上念祖母在堂，当代子职，下视一男四女绕膝啼号，忍痛主持丧事。忆吾母率两姊及不孝朝夕上食，两妹尚幼，累累随行……未虞祭，即为不孝辈制黑布衣，曰：「汝等每日定省祖母，不可不从。权也。」』

七月 十二日，阳历9月3日。庄培因卒于武进。据《族谱》卷三《世系录·第十二世》第五十六页。

《族谱》卷十九第二十七页：培因『父丧。闻讣，哀毁不食者七八日，病遂亟，抵里一日卒，年三十七。朝野咸痛惜之。福建士子相率为私祠以奉，称文孝状元云。』庄勇成《学士仲淳弟传》：『方耕闻南村公讣，先抵家数日。旋睹仲淳之变，哀痛愈挚，曰：「吾与弟幼同侍两尊人，长同仕禁近，若骖之有靳、鄂之有跗，无须臾离。今已矣。死生契阔，欲求风雨对床，宁可得乎？」以钱太夫人年高，节哀，曲为劝解。』

十二月 四日，葬培因于德泽乡青山庄。见下引。

彭启丰应述祖请，为撰《翰林院侍讲学士庄本淳婿墓志铭》。彭启丰《翰林院侍讲学士庄本淳婿墓志铭》（《虚一斋集》前附）：『本淳为余婿二十年。余宦京师得相日夕者数载。迨本淳成进士而余适引告归，送至芦沟而别。越二年，本淳奉使典闽试，又二年，复奉使督闽学政，凡两见余于里门。至其以奔丧归也，余往舟中唁视，会已病体孱弱，羸瘠不能支，阅三日而讣至。余悲甚，既为诗以哭之。今其孤述祖以状来乞铭，余固当铭者，何可辞……本淳性廉洁，未尝轻受人馈遗。官内翰七年，有谨厚称，敦气谊，喜宾客，索书文者履綦错堦下。赴人急，如饥渴，橐中金常罄，不惜也。兼通曲艺，知声音。凡鼓琴度曲、弹棊六博之戏，一试，靡不工。南村公训子严，家书中时引马伏波《书》（指马援《诫兄子严敦书》。引注。）以戒。及入词馆，邀主眷，益自歛饬。余归里后，屡询北来者，知其器识学

间日更进。谓不久当大用，而卒限其止于是职。其没也，自朝中士大夫以及所交游者，无不[illegible]泣下。卒

之年三十有七也。……今以十二月初四日葬于[illegible]乡青山之原。」

本年 朱珪撰《祭庄公文》以悼庄培因。朱珪本年三十岁，[illegible]。祭文载《知足斋集》。

[illegible]，[illegible]公之厚。[illegible]，[illegible]，长文以祭，永[illegible]千古。」

[illegible]

乾隆二十五年 庚辰 1760 庄存与四十二岁 庄述祖十一岁

庄存与在武进故里守制，[illegible]述祖学。

乾隆二十六年 辛巳 1761 庄存与四十三岁 庄述祖十二岁

庄存与在武进故里守制。作[illegible]一篇。[illegible]《族谱》[illegible]。

[illegible]……[illegible]

[illegible]……[illegible]

[illegible]

[illegible]

三十年终后续而成之。[illegible]，[illegible]。」[illegible]

本年 以厚吾宗之所望也。余十三岁时亦与编纂。」 [illegible]

述祖从存与学。

本年　述祖从存与学。

培因长女适钱维城子钱中铣。庄述祖《珍艺宧文钞·亡姊钱氏孺人事略》：『孺人庄氏，先翰林侍讲学士府君（指培因。引注。）之长女，故中书舍人钱君讳中铣之妻也。舍人为故尚书文敏公（钱维城。引注。）冢子。府君与尚书为中表从兄弟，交最善，故中以婚姻焉。孺人性慧，幼读《孝经》、小学之书，能举其大义。府君弃诸孤，孺人犹在室，与仲姊侍母，日夕解慰，抚视弟妹，忧瘁交至。年十九，归于钱氏，事舅尚书公，姑金夫人（指钱维城夫妇。引注。）于京邸，克尽妇礼。』

存与孙隽甲、贵甲生。据《族谱》。

同邑张惠言生。据谢忱《张惠言先生年谱》（载常州市文化局 1997 年刊印之《常州词派二百年纪念诗文集》。

乾隆二十七年　壬午　1762　庄存与四十四岁　庄述祖十三岁

一月　存与服阙，赴京补内阁学士。当仍在南书房行走。《清史列传·庄存与》：『二十七年正月，服阙，补内阁学士。』

本年　述祖在武进家塾读。

乾隆帝再次南巡，经常州，赐钱人麟（庄柱妻钱氏从兄）御书『兰陵眉寿』匾额。据光绪《武进阳湖县志》卷首《巡幸》。

乾隆二十八年　癸未　1763　庄存与四十五岁　庄述祖十四岁

存与在宫中内阁学士任，南书房行走。

述祖在武进家塾读。庄述祖《珍艺宧文钞·先妣彭恭人行述》：述祖『年十四，未通文义，吾母又命从伯兄（当指庄逢原。引注。）习举业。伯兄口讲指受，如哺病儿。两载，似稍知步趋矣。自不孝在家塾课读，吾母为不至吴中者五六年，惟恐一日荒废。』

乾隆二十九年　甲申　1764　庄存与四十六岁　庄述祖十五岁

存与在内阁学士任，南书房行走。

述祖在武进家塾读。

乾隆三十年　乙酉　1765　庄存与四十七岁　庄述祖十六岁

存与在内阁学士任，南书房行走。

存与长子逢原中举。据《族谱》。

述祖在武进家塾读。

乾隆三十一年　丙戌　1766　庄存与四十八岁　庄述祖十七岁

存与在内阁学士任，南书房行走。

述祖在武进家塾读，本年作《腊梅》诗。载《珍艺宧诗钞》卷一第二十四页。后乾隆五十一年述祖自注：『右丙戌岁咏腊梅作也，先大母观之许其有志，且曰：非功名中人语也。』馀见乾隆五十一年。

乾隆三十二年 丁亥 1767 庄存与四十九岁 庄述祖十八岁

存与在内阁学士任，南书房行走。

述祖在武进家塾读。

同邑臧庸生。

乾隆三十三年 戊子 1768 庄存与五十岁 庄述祖十九岁

存与在内阁学士任，南书房行走，又奉命入值上书房，教授皇子永瑆、王子弘旿等。《清史列传·庄存与》：『三十三年，命在上书房行走。』魏源《武进庄少宗伯遗书序》：『傅成亲王于上书房十有馀年。』阮元《庄方耕宗伯经说序》（光绪八年阳湖庄氏重刊本《味经斋遗书》前附）：存与『通籍后在上书房授成亲王经史，垂四十年，（此说有误，当从魏源说。引注。）所学于当时讲论或枘凿不相入，故秘不示人。通其学者，门人邵学士晋涵、孔检讨广森及子孙数人而已。』此文未收入《研经室集》。据陈鸿森先生分析，此文或非出自阮元，疑为代作。成亲王即永瑆，乾隆帝第十一子，本年十六岁，后乾隆五十四年始封为成亲王。庄存与与邵晋涵、孔广森之关系，见本谱乾隆三十六年。《族谱》卷十八上《盛事》第十四页：『翰林官入直上书房授皇子、诸王子读，入直南书房供奉宸赏翰墨，康熙以来已然。然一人仅直一斋，偶有两斋互调者，亦不数见。惟方耕在翰林时，始以侍讲入直南书房，继又以内阁学士兼直上书房，一人兼直两斋，乾嘉朝盖鲜。方耕公在上斋时，授读两王子，皆有诗名，并研经史，而赏鉴书画收藏尤富，一时王公亦罕与俦，世所称瑶华主人、红屿主人是也。公以经学名世，为一代大儒。得其绪馀，在胄子犹溯派诗书、寄情翰墨。仰见纯庙（乾隆帝。引注。）崇尚经学，宏阐微言，是以授以秩宗，几经卅载。俾之典乐，厘正八音礼乐之原，实治统之要。久于其职，正与「帝典命官」之义千载同符，决非后世「十年不迁」之比也。』其中『瑶华主人』即弘旿（1743-1811），康熙帝孙，康熙帝第二十一子允禧之子，本年二十六岁。擅画，富收藏。《瓯钵罗室书画过目考》卷首有小传。『红屿主人』，待考。查清宗室无号『屿』者。有晋昌（1759-1828），为顺治帝第五子恭亲王常宁后裔，固山贝子明韶长子，号红梨主人，本年十岁。未知是否即《族谱》所谓『红屿主人』。

存与所著《尚书既见》约成于本年前后。以为，世传古文《尚书》虽伪，先王之微言大义借以传，故不得废。是论与时儒共见相左，然终使古文《尚书》仍尊于国学正经之列。

龚自珍《定庵文集·资政大夫礼部侍郎武进庄公神道碑铭》：存与『为讲官日，上御文华殿，同官者将事，上起，讲仪毕矣。公忽然奏：『讲章有舛误，臣意不谓尔也。』因进，琅琅尽其指，同官皆大惊。上竟为少留，颔之。』所谓『为讲官』，当指存与在南书房行走一职，即侍讲。

文中所谓「同官皆大惊」，暗示存与于经学讲章有与众不同之见解，或即指古文《尚书》虽伪而不能废。而乾隆帝为此特意留下存与，单独讨论，颇可玩味。龚文又云：「阎氏所廓清（指阎若璩疏证古文《尚书》之伪。引注。）已信于海内，江左束发子弟皆知助阎氏。言官、学臣则议上言于朝，重写二十八篇于学官，颁赐天下。考官命题，学僮讽《书》，伪《书》毋得与。将上矣，公以翰林学士直上书房为师傅，闻之忽然起，悠然思，郁然叹，忾然而寤谋。方是时，国家累叶富厚，主上神武，大臣皆自审愚贱，才智不及主上万一。公自顾以儒臣遭世极盛，文名满天下，终不能有所补益时务，以负庥隆之期。自语曰：「辨古籍真伪，为术浅且近者也。且天下学僮尽明之矣。魁硕当弗复言。古籍坠湮十之八，颇藉伪《书》存者十之二，帝胄天孙不能旁览杂氏，惟赖幼习五经之简，长以通于治天下。昔者，《大禹谟》废，人心道心之旨，杀不辜宁失不经之诫亡矣；《太甲》废，俭德永图之训坠矣；《仲虺之诰》废，谓人莫己若之诫亡矣；《说命》废，股肱良臣启沃之谊丧矣；《旅獒》废，不宝异物贱用物之戒亡矣；《冏命》废，左右前后皆正人之美失矣。今数言幸而存，皆圣人之真言。言尤痾痒关后世，宜贬须臾之道，以授肄业者。」公乃计其委曲，思自晦其学，欲以借援古今之事势。退直上书房，日著书曰《尚书既见》如干卷，数数称《禹谟》《虺诰》《伊训》，而晋代剟拾百一之罪，功罪且互见。公是书颇为承学者诟病，而古文竟获仍学官不废。」其中明言「公以翰林学士直上书房为师傅」，故将此事系于本年。此文后称：「大儒庄君既亡，粤嘉庆二十有三年，绶甲始为书测君志，以告绶甲友。（即龚自珍自称。引注。）其友籀其词，肯铭，乃克铭君于武进之阡。」另，世界书局 1937 年版《龚定庵全集类编》第 295 页亦收入此文，并于题下小字注云：「吴昌绶曰：戊戌岁，庄卿珊（即庄绶甲。引注。）馆定公（龚自珍。引注。）家，为言其祖庄公存与事行之美，且曰碑文未具。己卯（嘉庆二十四年。引注。）定公之京师，识庄公外孙宋于庭。（宋翔凤。引注。）复为推测公志。至是岁（壬午。原注。道光二年。引注。）不尽三日，始屏弃人事，总群言而删举其大者，撰庄公神道碑铭。」其中戊戌岁或为戊寅之误。戊寅即嘉庆二十三年，时庄绶甲四十五岁。又，刘起釪《尚书学史》第368页：『最能淋漓尽致地表现封建士大夫这种明知是假古董但为了维护封建思想的需要仍然要把它（指伪古文《尚书》。引注。）捧在经典宝座上的思想状态的，是开清代今文经学先声的庄存与。清代今文学派不仅反对晋代伪古文，（此说自相矛盾。引注。）也反对汉代真古文。庄存与本人只是肇其端，他的治学已与当时古文汉学在趋向上有所不同。见于龚自珍所撰庄氏《神道碑铭》……原来他以为这些伪《书》都是「圣人之真言」。与后世痛痒密切相关，万万废不得！结果清廷采纳了这位上书房师傅的意见，「而古文竟获仍学官不废。」于是，反对伪古文的今文家，竟成了伪古文的护法神了。』按，清末以来向有两种成见，其一是简单地认为在经学领域，凡反对伪古文《尚书》者即是进步的学者，凡维护伪古文《尚书》者即为落后之保守势力。其二是简单地认为清末研究今文经学者都是要求变法革新的先驱，而清末继续沿着乾嘉朴学路子研究小学、校勘、考据者即是非经世致用者、是迂腐的保守学者。而庄氏既是伪古文《尚书》的维护者，又是今文经学的开启者，于是存上述成见者只好将庄氏解释成一个矛盾的特例。其实庄存与之今文经学研究缘起于尊崇宋代理学的家学传统。庄氏家学以宋学为依归，故而保持着极高的科考成功率。进入宫禁后，存与又以精研董子获知乾隆帝（见本谱乾隆十七年）。乾隆一贯维护宋代理学正统地位，服膺朱熹学说。朱熹尊崇董仲舒，乾隆遂好董子之说。对伪古文《尚书》疑而不废，是朱熹的观点，也是崇尚宋学者的共识。因此可以说，直到撰著《尚书既见》时，庄存与仍是一位宋学家。既为发扬家学计（继续保持庄家科考的高成功率。当时朱熹注解诸经仍是科考准绳），亦为报答知遇之恩，存与自然要继续追求宋学的更高境界。但当时擅长考据训诂的汉学家群体已逐渐成为学界主流，宋代义理之学正以其训诂不严、牵强附会的弱点遭到冷遇。存与不喜训诂，不能为宋代理学的正统地位找到训诂方面的证据，只好另外寻找宋、汉学术的契合点作为研究方向。庄存与撰写《尚书既见》的最初目的，也许是要证明义理之学具有考据学不可替代的至尊地位，因为是书观点与当时擅长考据的汉学家们的观点相歧，且有阿谀之嫌，以至『颇为承学者诟病。』

约于本年，存与开始《公羊》研究。 存与开始《公羊》研究之确切时间及原因未见记载。按龚文云存与『既退直上书房，日著书曰《尚书既见》如干卷。』故系其研究《公羊》在《尚书》后。

述祖随母往长州，从彭绍升学。 庄述祖《珍艺宧文钞·先妣彭恭人行述》：『至戊子岁，将赴京兆试，吾母始携不孝及两妹归宁，且属不孝于舅氏二林先生。（彭绍升。引注。）外家自长宁公倡明正学，父子祖孙相授受，舅氏于途次为不孝指示大略，证求真实，绝去异同门户之见。不孝从此稍知问学，不至于下流，皆吾祖吾父之馀泽，而无一非吾母义方之教也……不孝需次依于舅氏，出入三载。』彭绍升为彭启丰四子，字允初，号尺木，自署二林居士。明年成进士，会试出卢文弨门，获交戴震。《戴东原集》有《答彭进士允初书》。《清史列传》卷七十二，江藩《宋学渊源记·附记》有传。又，庄述祖《珍艺宧文钞·文林郎议叙知县彭君行状》：『外家（指彭家。引注。）自长宁公、侍讲公倡正学，父子亲授受，四传至叔舅二林先生而集其成。其论学也，先为学者揭鹿洞、鹅湖会讲之恉，携掣提撕，竟德敦言，铲去门户，灼知厥真。』

乾隆三十四年　己丑　1769　庄存与五十一岁　庄述祖二十岁

存与在内阁学士任，南书房、上书房行走。

存与次女嫁刘召扬。刘逢禄《刘礼部集·先妣事略》：『年二十五归我先考。』

述祖妻倪兰芬来归。庄述祖《珍艺宧文钞·亡妻倪孺人家传》：『倪孺人讳兰芬，钱塘人，祖讳国琏，吏科给事中。考讳承宽，礼部侍郎、总督仓场、户部侍郎，终太常卿。妣章夫人。太常公有五女，元配项夫人出者二，继室章夫人生孺人。章夫人慈五女若一，而太常公尤钟爱孺人。孺人幼强记，尝车中见题壁诗，为太常公诵之，令默写，不错一字。年十七归于余。事姑如母。吾母抚教之如女，与女公女妹相友爱如兄弟，家庭之间，怡怡如也。先大母钱太夫人治家以礼法，长幼肃然，孺人每定省，必侍语移时。』倪承宽与庄培因同为乾隆十九年进士。倪为是榜探花。乾隆二十二年十二月，倪受命上书房行走，侍皇子讲读二十馀年。去年始与存与同事。后卒于乾隆四十八年。

乾隆三十五年　庚寅　1770　庄存与五十二岁　庄述祖二十一岁

存与在内阁学士任，南书房、上书房行走。

述祖于家塾习举子业，课庄氏子弟。

乾隆三十六年　辛卯　1771　庄存与五十三岁　庄述祖二十二岁

存与在内阁学士任。

三月　存与充恩科会试副考官，得士邵晋涵、本年二十九岁。孔广森、本年二十岁。李靖山阮元业师。见乾隆四十五年。等。《清史列传·庄存与》：『三十六年三月，充会试副考官。』另据《清秘述闻》，本年恩科会试考官依次为刘统勋、观保、庄存与。本年会元为邵晋涵。查黄云眉《邵二云先生年谱》本年：『礼部会试第一……周永年、孔继涵、钱澧、孔广森等亦同时登第。』此即阮元称邵晋涵、孔广森为存与门人（见本谱乾隆三十三年）之由。《清史列传·庄述祖》：存与『门人馀姚邵晋涵、曲阜孔广森、同邑刘逢禄及述祖皆通其学。』存与逝后，邵晋涵有《庄养恬先生祭文》，见本谱乾隆五十三年。《汉学师承记》于邵晋涵、孔广森条未提存与名。其称广森『少受经于东原……则姻娅（广森为戴氏女婿孔广栻从兄。引注。）而执弟子之礼者也。』徐世昌《清儒学案·方耕学案》有『方耕弟子』项，列邵、孔二氏，其按云：『阮文达序方耕经说云……然邵氏学派实不相同，孔氏同治《公羊》学，而「三科九旨」别自为说，宗旨亦异。盖庄氏之学惟传于家，再传为刘氏逢禄、宋氏翔凤益著。而刘氏、宋氏生晚，亦非亲炙也。』阮元作《孔广森传》，言其学术千数言，未一提存与。徐珂《清稗类抄·经术类·常州二申通经》条云：『常州学派，导源于新安。嘉道之间，其流浸广。而所发挥之微言大义，固由江永、戴震启之，盖金辅之榜治《礼》之薪火，既传于常州。适其时，山东孔顨轩广森之《公羊》学派，自其女婿朱见庵文翰传至江淮，日与常州人士相接，而宋、庄、刘之绪乃因兹而光大也。当时常人推为通经宜用之学者，竟言二申，海内亦胥重之。二申者，刘申受、李申耆也。』朱文翰为朱榆圃子，孔广森外甥，非其女婿。首都图书馆藏稿本《孔广林自撰年谱》嘉庆元年条：『予

（孔广林。引注。）二妹嫁徽郡浯溪村，妹夫朱榆圃（名芫星。原注。）歿已十三年矣。（朱榆圃卒于乾隆四十七年。引注。）长甥文翰官京师，四甥承鲁尚幼，家计萧然。』孔广林嘉庆元年四十九岁，推知其时朱文翰三十岁左右。存与乾隆五十三年以七十岁卒，时文翰刚二十三岁左右。故文翰传《公羊》学至常州说不足信。又，陈祖武先生所撰《清代全史》第六卷第六章《清中叶的学术文化》谓庄存与曾为孔广森说经：『乾隆末，以治《春秋公羊》学名世者，独推孔广森。广森之治《公羊》一则祖述家学，是为远源，再则受庄存与影响，可称近因……广森入庶吉士馆，存与亦在馆中任教习。所以庄孔二人不惟有座主门生之谊，且存在学术上的师承关系。关于这一点，孔广森的名著《春秋公羊通义》亦有辙迹可寻。就总体而言，孔氏《公羊》说与庄氏同源，即皆推尊赵汸所著《春秋属辞》。广森于《春秋公羊通义》……卷五文公十年「楚子、蔡侯次于屈貉」条，则大段征引庄存与经说，指出：「座主庄侍郎为广森说此经曰，屈貉之役，左氏以为陈侯、郑伯在焉，而又有宋公后至，麇子逃归。《春秋》一切不书主，书蔡侯者，甚恶蔡也。蔡同姓之长，而世役于楚，自绝诸夏……若蔡庄侯者，所谓用夷变夏者也。广森服膺师说，认为，三复斯言，诚《春秋》之微旨。」』又，刘起釪《尚书学史》（中华书局1996 年版）第 411 页列有常州学派传承表，虽不乏牵强之处，聊备一家之言。姑抄录于后（见下页）。

六月　存与充浙江乡试正考官。《清史列传·庄存与》：『六月，充浙江乡试正考官。』

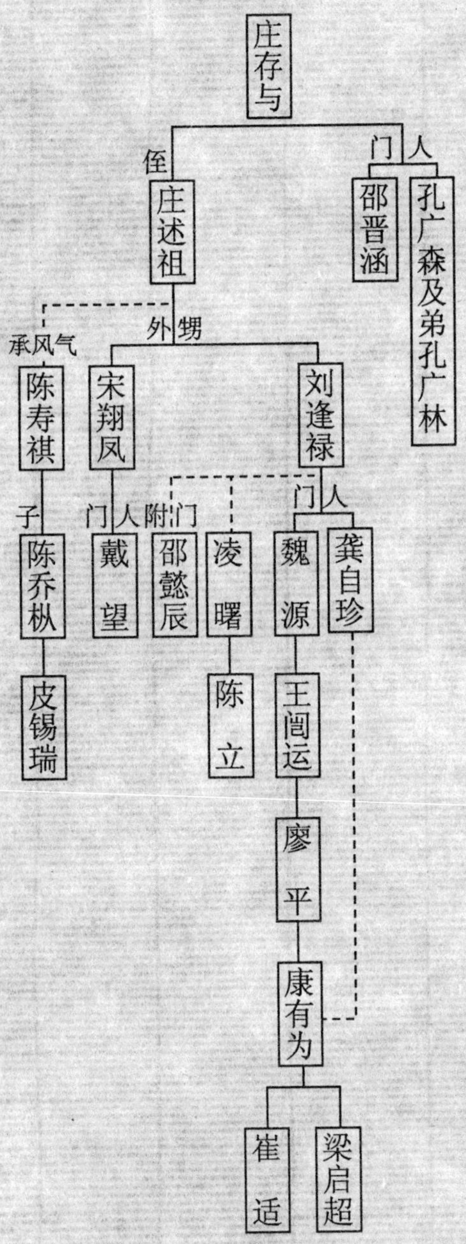

刘起釪先生误以广林为广森弟。广林自撰年谱称广森「三弟」，且未一语及《公羊》。

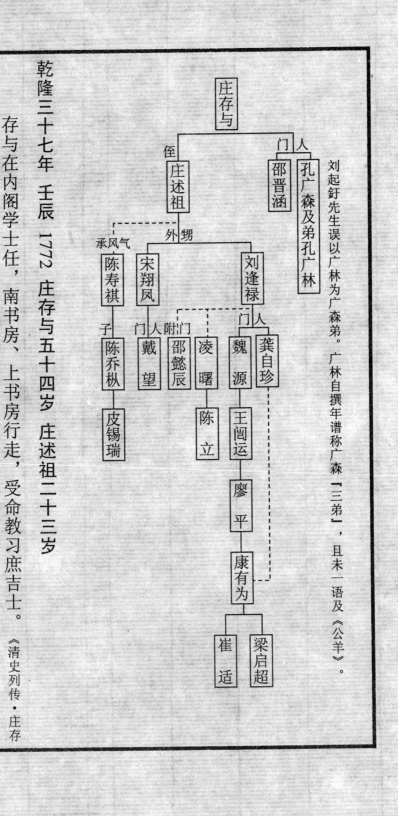

乾隆三十七年　壬辰　1772　庄存与五十四岁　庄述祖二十三岁

存与在内阁学士任，南书房、上书房行走，受命教习庶吉士。《清史列传·庄存与》：「三十七年，命教习庶吉士。」

春　存与次子庄通敏中进士。《族谱》卷四《世系录·第十三世》第三十五页：通敏「壬辰会经魁，翰林院庶吉士，授编修，升左春坊中允。历充文渊阁校理、三通馆纂修、四库馆分校、国史馆纂修，丁酉、（乾隆四十二年。引注。）己亥、（乾隆四十四年。引注。）戊申（乾隆五十三年。引注。）顺天同考官。』

述祖在武进家塾课业。

冬　钱维城卒于武进。时年五十三岁。王昶《钱文敏公维城神道碑铭》（据《碑传集》）：『壬辰冬，刑部侍郎武进钱公以居忧卒于里第……又二年，赐其孤中铣为内阁中书舍人。』

乾隆三十八年　癸巳　1773　庄存与五十五岁　庄述祖二十四岁

存与在内阁学士、礼部右侍郎任，南书房、上书房行走。

诏开《四库全书》馆。存与任《四库全书》总阅官。张慧剑《明清江苏文人年表》本年据《四库全书职名表》：『武进刘纶、（本年六十三岁。此前存与次女已适刘纶子召扬。见本谱乾隆三十四年。引注。）程景伊、（本年六十二岁。引注。）庄存与、金坛于敏中、（本年六十岁。引注。）……上海陆锡熊、（本年四十岁。引注。）直隶纪昀（本年五十岁。引注。）等，被命主持《四库全书》馆纂修工作……安徽戴震、（本年五十岁。引注。）姚鼐、（本年四十二岁。引注。）直隶翁方纲、（本年四十一岁。引注。）……武进庄通敏、（本年三十六岁。引注。）赵怀玉、（本年二十八岁。引注。）……等先后入《四库全书》馆，分任编校工作。』按，存与任职四库馆确切时间待考。任松如《四库全书答问》

《官员一览表》及《官员中著述家一览表》列有存与名，称其职『总阅官』。查《四库全书总目》，收录武进庄氏一族所著书三种，一、庄鼎铉与庄履丰续编明代杨慎著《古音骈字》，江苏巡抚采进本，录入《四库全书》经部小学类。一、庄起元撰《漆园卮言》，浙江巡抚采进本，仅著录于《总目提要·别集类存目》。一、庄纶渭撰《问义轩诗抄》及《賸草》，国子监助教张羲年进呈之家藏本，著录《总目提要·别集类存目》。《提要》对后两种评价不高。

述祖长子廉甲生。

述祖妹 培因三女。约是年嫁元和宋简。即宋翔凤母。

述祖在武进家塾课业。

乾隆三十九年　甲午　1774　庄存与五十六岁　庄述祖二十五岁

存与以内阁学士提督山东、河南学政。《清史列传·庄存与》：『三十九年，提督山东学政，寻调河南学政。』皇子、皇孙赋诗宠行。庄勇成《少宗伯养恬兄传》：『派在上书房行走，教学相得，钦爱尤挚。出任中州学使，皇子、皇孙共赋诗宠行。在上书房最久，赐福字、丰貂、彩缎及上方珍品、食物无算。』

述祖在武进家塾课业，曾偕妻一游杭州。后述祖约于嘉庆九年作诗《枇杷》（载《珍艺宧诗钞》卷二第十八页），自注云：『枇杷以越绝为最佳。甲午岁，余偕妻至杭时，果尚未熟也。三十馀年一梦，思之黯然。」

存与三子庄选辰中举。

九月　十八日，存与孙庄绶甲生。绶甲为庄逢原次子，及长，与张惠言、李兆洛、刘逢禄等交善。晚年尝馆于龚自珍家，课其子。存与逝后，遗著多赖绶甲刊行。《族谱》卷四《世系录》第七十九页《第十四世》：『绶甲，行二，字卿珊，逢原次子。生于乾隆甲午九月十八日，卒于道光戊子（道光八年。引注。）十二月二十三日。附监生。考取州吏目。配刘氏，直隶迁安县知县讳同孙女，讳培基女，寿七十有七。子二，长缍汸，次润。女二，长适丁嘉洛，附贡生，训导。次适杨昕，邑庠生。』刘逢禄《刘礼部集·记外王父庄宗伯公甲子次场墨卷后》：『公（指存与。引注。）于诸孙中尤爱绶甲。绶甲生于甲午，长余两岁，至相得也。』

乾隆四十年　乙未　1775　庄存与五十七岁　庄述祖二十六岁

存与在河南学政任。

述祖在武进家塾课业。

乾隆四十一年　丙申　1776　庄存与五十八岁　庄述祖二十七岁

存与母钱氏逝。存与归里丁忧。庄述祖《珍艺宧文钞·先妣彭恭人行述》：『及大母（钱氏。

引注。）弃养，吾母（彭氏。引注。）年五十有五矣，哀毁如丧大父时。」庄勇成《南村公传》：『钱太夫人年八十有四，及见孙逢原、选辰俱登贤书，通敏官翰林。自南村公而下，登甲乙榜、官翰林，太夫人给发报捷钱凡十五次，而迁秩不与焉。春秋两闱揭晓报捷者麇至，皆拱立而俟曰：「自状元至举人，太夫人一一有成例可循，不敢哗争也。」』

九月　述祖在武进家塾课业。

十二日，存与外孙刘逢禄生。李兆洛《养一斋集·礼部刘君传》：逢禄『生乾隆四十一年九月十二日。』据《中国历代名人胜迹大辞典》贺忠贤先生撰《刘逢禄》条：『刘宅在江苏常州市博爱路。刘逢禄祖刘纶死后，部分房屋改作刘纶专祠，原有赐书堂及内宅均毁，现存平房二进，前一进为大门、柴房，二进四间为轿厅。遗物有旗杆石一对、井圈石一个。』贺先生所记刘宅平房、大门、柴房、轿厅现均已拆毁。

本年　培因外孙宋翔凤生。

存与孙褒甲生。褒甲为庄逢原三子。《族谱》卷四《世系录》第七十九页《第十四世》称褒甲『生于乾隆丙子』，丙子为乾隆二十一年，时逢原长子贵甲未生，疑为『丙申』之误。

述祖本年作《立春后二日拟春帖子词》。载《珍艺宧诗钞》卷一，自注云：『是岁丙申，以岁前十二月十五日立春。』按，述祖诗作时间多不可考，《珍艺宧诗钞》前此录存二十馀首，其中《题金粟影》或作于述祖二十五岁前后。约于本年所作尚有《新辟小轩半楹东向户以纳日景栏外桂两株清影婆娑有少佳致》。述祖青年时颇好文艺，不喜研经，故乾隆五十一年有『始知向所从事者……适足以堕志，存与在故里守制。

乾隆四十二年丁酉（1777） 庄存与五十九岁 庄述祖二十八岁

见乾隆三十七年引。

[illegible]

本年

[illegible]

句。归自金陵,慈未盈,孝感而成,果有天为鉴,萧帽无颜色,果不还乡。一月,庄存后自录

本年 约十本年,述祖作诗《鳌前桂一株》,约今年在故正是余赴试时故有风榜,知之文

隆四十九年事,见本谱是年。又,是年作诗的时间待考,故附入本年。其序云:"……

其后卢君文弨得宋元本,既作《书·逸篇》,与江君商榷其说。"文中所谓"卢学士文弨采入刻本中",谓乾

注。(卢学士文弨采入刻本中,江方王声采为孔笺,在(江声)嘉庆元年举孝廉方正。本年庄述祖四十六岁。引注。)

篇》。)庄述祖根据今所见《无逸篇》行文与《白虎通》所引不符,断定当时《尚书》另有《逸篇》。引

所校古书有据意改者,毋之旧本无不合。如今本《白虎通》引《书·无逸篇》曰"厥兆天子爵",校改为《书·逸

以七十九条逸十斯。宋翔凤《庄先生述祖行状》(据《碑传集》):"乾隆丁酉,以宫谷中江南乡试……

余依述祖所校,新镌《白虎通》于余姚故里。"乾隆五十四年起,卢文弨主讲常州龙城书院。至乾隆六十年

内学者共之,在杭州雕写一本,留于友人所。后在太原又写一本,所校明者益焉……"乾隆四十九年卢

宋先生为之条理而是正之,因就宋头所有之本,并录其上。今年南北,时出自照。并与海

故人(指庄述祖)。引注。)卢文弨《抱经堂文集》卷十一,庄述祖所校《白虎通》本。此书庄述祖参订之处多矣。

一字。"据汪中《卢抱经先生年谱》本年引卢文弨《校刻白虎通序》:"乾隆丁酉之秋。

述祖江南乡试中举。据所校《白虎通》往钟山书院拜谒卢文弨。卢文弨本年六十

见乾隆三十七年引。

秋 存与次子庄通敏本年在翰林院编修任。九月,充顺天乡试同考官。据《族谱》、《清秘述闻》。

存与在故里守制。

碌无须臾之闲树若有知应笑我为俗物也雨窗偶暇赠以小诗》。载《珍艺宧诗钞》卷一。

乾隆四十三年　戊戌　1778　庄存与六十岁　庄述祖二十九岁

存与服阙。《清史列传·庄存与》：「四十三年，服阙。」

春　存与三子庄选辰中会魁。

六月　存与孙庄涛生。据《族谱》。庄涛为庄选辰长子。

乾隆四十四年　己亥　1779　庄存与六十一岁　庄述祖三十岁

六月　存与署礼部左侍郎。《清史列传·庄存与》：「四十四年六月，署礼部左侍郎，十月补礼部右侍郎。」

十月　存与任礼部右侍郎。约同时简任乐部大臣。《族谱》卷十八《盛事》第十二页：「有清特设乐部，有神乐、升平两署，典署各一人，署丞各二人，皆满缺。《缙绅》向不载，仅载管理乐部之大臣。故事，乐部系简亲郡王一人或二人领之，亦满洲大员之职也。惟乾隆间十二世方耕公任礼部侍郎，以通律吕特简为乐部大臣。汉官膺此任者实所罕见可知。公所著有《乐说》□（原阙。应添二。引注。）卷，阐经考律，时称绝学。」《味经斋遗书》首篇《象传论》署有「加一级乐部大臣」职，任职确切时间待考。存与、培因均精通乐律。《味经斋遗书》前附魏源序称：『公又精通钟律，不由师传，神契主合，匪道匪艺，勿可得而详云。』艾尔曼书数称存与学兼『药』类，疑其以『樂』为『藥』误。又《族谱》庄勇成撰传：『统计（存与）前后为同考官者二，主乡试者四，为会试总裁者一，为学政者三，为香差者一，知贡举者一，天文算法总裁官及乐部大臣。』其中『香差』及『天文算法总裁官』待考。查《清史稿·志九十·职官二》，国子监设有算法馆，或由翰林院掌。钦天监设有负责天文事务官员，隶属于礼部。又，臧庸《礼部侍郎庄公小传》（《碑传集补》）：『任礼部，讲求会典旧章，遇祭祀、朝会、宴享诸事，敬谨襄赞勿懈，数十年如一日。』约同时仍在上书房行走，又为永瑢、永理师傅。魏源言存与『傅成亲王于上书房十有馀年』，阮元言存与『通籍后在上书房授成亲王经史，垂四十年。』（见本谱乾隆三十三年）推知存与服阕复任后仍在上书房行走。后乾隆五十年存与协助永瑢重定《诗经乐谱》，推知其或又为永瑢师傅。魏源《魏源集·武进庄少宗伯遗书序》（中华书局 1975 年版）：『武进庄方耕少宗伯，乾隆中以经学傅成亲王，于上书房十有馀载，讲幄宣敷，茹吐道谊……君在乾隆末，与大学士和珅同朝，郁郁不合，故于《诗》、《书》，君子、小人进退消长之际，往往发愤慷慨，流连太息，读其书可以悲其志云。』是文后有编者小字注：抄本『君在』以后一段作『君尤研悟律吕，不由师受，神明所传，匪道匪器，勿可得而详云。』

本年 成亲王永瑆受命为《四库全书》馆总裁。三年后《四库全书》编竣。

存与次子庄通敏 本年在翰林院编修任。充恩科顺天乡试同考官。据《族谱》、《清秘述闻》。见乾隆三十七年引。

乾隆四十五年　庚子　1780　庄存与六十二岁　庄述祖三十一岁

存与在礼部右侍郎任，上书房行走，其所作《春秋正辞》本年已大部成稿。

陈祖武先生认为，《春秋正辞》为庄存与乾隆三十三年入直上书房之后始撰。见本书前附陈先生序。本书初版出版前，陈先生谈到《春秋正辞》时曾说，《春秋正辞》内容似条辨，如备课笔记、讲义之类，且非全帙。当时笔者曾征求陈先生意见，可否把此看法写进年谱，陈先生以为此看法尚不成熟，不必写进。另，贺忠贤先生《毗陵庄刘两望族与常州学派》（1999年常州学派研讨会论文）：『庄存与的经学代表作《春秋正辞》，大约写作于其入值上书房之后的十馀年间，即1780年前后。』庄存与《春秋正辞叙目》（载《味经斋遗书·春秋正辞》卷首）：『存与读赵先生汸《春秋属辞》而善之，辄不自量，为隐括其条，正列其义，更名曰「正辞」，备遗忘也，以尊圣尚贤，信古而不乱，或庶几焉。』孔广森亦推重赵汸，其《春秋公羊通义叙》云：『惟赵汸最为近正。』赵汸为安徽休宁人，元末明初经学家，长于《春秋》，《宋元学案·草庐学案》有传。《春秋属辞》为其三十五岁时所作，前此已著有《春秋集传》，因读《礼记·经解》，悟《春秋》之意在比事属辞，遂为此作。近世学者多以庄存与《春秋正辞》为清代公羊学发轫之作，杨向奎先生《绎史斋学术文集·清代的今文经学》、《清儒学案新编》第四卷，汤志钧先生《近代经学与政治》，张舜徽《清儒学记·常州学记第九》等均主是说。

春

庄述祖沿运河北上京师应恩科会试。途中作《寄内》诗，载《珍艺宧诗钞》卷一。中有『风帆日日候朝晖，淮海维扬接帝畿』句，自注『北上多东南风，舟行颇速。』遂中二甲第十

名进士。有谓因和珅阻，故殿卷名次不前，归班铨选。据《清秘述闻》，本年恩科会试考官为礼部尚书满洲人德保，礼部尚书江西新建人曹秀先，工部尚书四川涪州人周煌，工部侍郎浙江仁和人胡高望。题『则众物之』一句，『罔之升也』一句，『尽信书则』一句。赋得『春日载阳』得『风』字。会元、状元均为浙江秀水汪如洋，榜眼江南仪征江德量，探花江南歙县程昌期。钱塘、武亿、法式善（《清秘述闻》著者）皆于本年成进士，名次皆后于述祖。**遂归里侍母，潜心经学、小学。**庄述祖《珍艺宧文钞·先妣彭恭人行述》：述祖『四十五年成进士，归班铨选。自念先人两世扬历清华，而不肖甘为下人。归见吾母，状有愧色。吾母慰之曰：「汝何不知足耶？汝十岁而孤，又幼失学，吾何尝过望汝能成立耶？京朝官况味，吾已备尝！他日苟得禄养，亦可慰吾暮景。但患汝不胜其任耳。」不孝受命不敢忘。』庄述祖《珍艺宧文钞·亡妻倪孺人家传》：『太常公（倪承宽。引注。）官京师，孺人（述祖妻倪氏。引注。）偕余南归，去父母家日远，思慕成疾，药裹方书，与箴帙常相错也。其后章夫人省墓钱塘，归宁于里第，而太常公亦曾以扈跸至江南，得亲拜其父母者，惟此尔。』宋翔凤《庄先生述祖行状》（据《碑传集》）：『庚子成进士。相国阿桂公，以先生故人子，欲罗致之。避嫌不往谒。时和相（和珅。引注。）用事，阿公之门下士稍稍去，亦以事疑先生。殿试卷已拟进呈，后卒置十卷后。引见，归班铨选，先生遂归，奉母以居。先是于经学之外，制诗赋词章甚富，以不入翰林，遂弃去。从事小学，治许氏书，以先求识字。谓六书之义，转注、谐声最繁，而无定说。用《尔雅》之例，编《说文转注》。用《广韵》例，又博考三代、秦、汉有韵之文，编《说文谐声》。《说文》之字，以是遂明，而周秦之书，无不可读者。遂校《逸周书》，解《夏小正》，《诗》《书》次第皆有撰著。』

庄述祖仕途不畅，转向经学小学研究，近代学者多有揣测。艾尔曼先生著《经学、政治和宗族：中华帝国晚期常州今文学派研究》略云：「乾隆中期，常州庄、刘两家在政界的显贵地位达到巅峰。当时刘纶是军机处军机大臣，庄存与是内阁学士兼礼部侍郎。刘纶和庄存与安排了刘纶之子刘召扬和庄存与之女的婚事，堪称当时最重要的联姻。但是1780年后，庄刘两家开始远离北京的帝国政治，为什么？刘召扬通过了乾隆皇帝1784年南巡时举办的特别省试，获得第一名，但他未到北京参加进士考试，而是留在常州从事教学，为什么？庄存与的侄子庄述祖，通过了1780年的殿试，也回到常州，照顾其寡母，这是纯粹出自孝心还是另有原因？庄存与在1780年代转向《公羊》学研究，正好跟两家退出政治舞台的时间致，这使得迷团更为复杂了。当我1983年春天翻阅北京图书馆所藏魏源《古微堂文稿》手稿时，理解了庄刘两家退出北京政界的原因。这些手稿包括魏源为1820年出版的《味经斋遗书》所作序言的两个稿本。在其中一个稿本里，魏源写道，庄存与跟和珅不合。庄存与在这段抑郁的年代里所写的经学著作，充满了对和珅日益权重的忧虑和失望。考量当时其他文人对和珅贪腐的激烈反应，这个线索就更有意义了。而这股反对势力，正好由庄存与的满族朋友阿桂以及一批来自常州的文人组成。在后来刊行的《味经斋遗书》里，魏源所撰序言中有关和珅的部分被删去了。（中华书局1975年版《魏源集》已注明此处改动，并附录稿本原文。见前引。引注。）或者是庄家要求不要在序言里提这件敏感的事。重读庄存与的作品可以明白，和珅事件的政治余波，是解释庄氏为何转向《公羊》研究的重要线索。借着经学，特别是孔子褒贬传统的掩饰，庄存与可以间接表达对当时政治的批判，和对和珅的不满。稍后，在查阅汪喜孙《且住庵文集》中有关庄述祖的记载时，和珅事件对庄刘两家的影响就更为明白了，例如1780年的殿试，庄

皆能识字、诵古书。翔凤于趋庭之馀，与群妹纵横古今。」按《朴学斋文录》，见著录于《丛书综录》、张舜徽《清人文集别录》、王重民《清人文集篇目索引》。《丛书综录》所录为上海图书馆藏浮溪精舍本三卷，现存。惟《清人文集别录》及《清人文集篇目索引》均录有『近世吴兴徐氏刊六卷本《朴学斋文录》』，其于翔凤生平、学术大有关系。笔者先后查访湖南图书馆、湖南大学图书馆以及中国科学院图书馆、中国社会科学院历史所图书馆等，均未见六卷本。

阮元　本年十七岁。师事李靖山。靖山为言存与事。据《阮元年谱》本年：『是年先生受业于李进士晴山先生道南，即寓其家。』阮元《庄方耕宗伯经说序》（《味经斋遗书》前附）：『元少时受业于李靖川（原文如此。引注。）先生。先生固武进庄方耕宗伯辛卯会试所得士也，常为元言，宗伯践履笃实，于六经皆能阐抉奥旨，不专专为汉宋笺注之学，而独得先圣微言大义于语言文字之外，斯为昭代大儒。心窃慕之。』

乾隆四十六年　辛丑　1781　庄存与六十三岁　庄述祖三十二岁

存与在礼部右侍郎任，上书房行走。

述祖在武进故里，开始小学及《夏小正》研究。庄述祖《珍艺宧遗书·明堂阴阳夏小正经传考释序》：『述祖少失学。长习进士业，及举于礼部，退归后，乃求所以窥古人之学，莫得其阶，不能自已。始从事于汉人所谓小学家者。先治许氏《说文解字》，稍稍识所附古文，以为此李斯未改三代之制以前，仓籀遗文留什一于千百者也，欲究心焉。偶忆《夏小正》纳卵蒜，卵字与古文民字相近，蒜即《说文》祘，数字之讹。由以知纳民祘，即《周官礼·司民》献民数之是也。周正建子，故以孟冬。夏正建寅，故以季冬。其事正合。然亦未敢质诸人也。于是尽取《夏小正》中经文重厘正之，以为《夏时明堂阴阳经》，又为之说义。数易寒暑，犹未尽其学。」

约于本年前后，述祖收集庄培因旧作，汇成《虚一斋集》五卷付梓。庄勇成《学士仲淳弟传》：「（存与）及见侄述祖成进士，心始稍慰。仲淳属纩时，述祖年始八龄。（庄培因逝时述祖十岁。引注。）其英俊勤学似父，而浑融沉默，得奉教于方耕。及长，痛其父之早亡，诗古文词随手散佚，斤斤撦拾，断楮残墨，宝若拱璧，汇成《虚一斋集》五卷付梓。」《虚一斋集》五卷，所见光绪九年秋刊本，装两册，前附《武阳合志·庄培因传》、乾隆二十四年冬彭启丰撰《翰林院侍讲学士庄本淳婿墓志铭》及庄勇成嘉庆五年撰《学士仲淳弟传》。是集所收多为培因和颂帝王之诗赋雅表文字，已检其中有年可考者录入本谱。未署年月者，惟卷二《戏作杂咏》四首颇有趣，特录于后。《煤黑子》：「守黑衣难素，求薪业可传。苦无真面目，闲趁数金钱。困顿守山麓，招邀过市廛。似耽驼背稳，风雪不知眠。」《推粪车者》：「逐臭知何用，屏营陌路旁。风尘真作苦，况味岂亲尝。一跌惊骢马，频推怯病牂。定知输百亩，未惜汉如浆。」《缝穷婆》：「近市班荆处，纤纤貌甚闲。明非分壁里，业恐类墦间。几费裁缝迹，难为膏沐颜。良人在何许，蒙垢向尘寰。」《闲的儿》：「怪尔忙如许，名何独就闲。褰裳争引重，袖手懒衣寰。邂逅偶成醉，喧奴便毁颜。曾云四民六，圜土可惩顽。」

乾隆四十七年　壬寅　1782　庄存与六十四岁　庄述祖三十三岁

存与在礼部右侍郎任，上书房行走。

述祖在武进故里奉母治学。述祖约于本年作不晚于《尚书古今文题辞》。载《珍艺宧诗钞》卷二第五页。

乾隆四十八年　癸卯　1783　庄存与六十五岁　庄述祖三十四岁

存与在礼部右侍郎任，上书房行走。

六月　上旬，存与作《序冬官司空记》。载《味经斋遗书》本《周官记》前附。此《序》向未见后学称引，特全文抄录如下。

[illegible]

乾隆四十[illegible]

[illegible]非一日之故也。至于天地失常，山川易位，鬼神不[illegible]。

[illegible]

[illegible]君不君，臣不臣，天下[illegible]矣。

言兴亡也。天子僭天，诸侯僭天子，大夫僭诸侯。故两观、乘大路、朱干玉戚、台门旅树、[illegible]

乾隆四十[illegible]

[illegible]宣王承厉王之烈，[illegible]中兴。[illegible]

[illegible]文武有明德。[illegible]

六月　上旬，存与作《[illegible]记》。[illegible]《味经斋遗书》[illegible]学案引，特全文抄录如下。

[illegible]

补阙，如「六天」、「五帝」，本之谶纬；「五服」、「九州」，「无稽」、「拓大」；「冕服十二」，周不必减，九「口率出泉」，周未有其事。此等皆为疏通其指，一衷于绍焉。绶甲愚不自量，窃窥而好之，学为《周官礼笺》十卷。法郑君笺《毛》之义，有疑不能明之事，虽不敢质而自有，亦不敢不直贡其是非，为之有年矣。而于通贯六官以陈一官之典者，概乎未得其要领也。故凡一字之留贻，不敢不宝护，冀或者深思焉而徐诱之尔。道光七年岁在丁亥六月哉生霸，孙绶甲敬跋。」

述祖在武进。述祖岳父母倪承宽、时年七十二；章夫人，时年五十四，双亡。邵晋涵《倪公承宽墓志铭》（据《碑传集》）：「钱塘倪公（倪承宽。引注。）由翰林侍皇子讲读二十馀年……倚畀方殷，遒遽以乾隆四十八年二月庚寅卒于位。孤子时庆将扶柩归葬，谒余请铭……继配章夫人，附贡生本仁女……先一年得末疾，公殁一月，强起旦食，抚筵一恸而绝。」庄述祖《珍艺宧文钞·亡妻倪孺人家传》：「太常公、章夫人之丧过常州，（述祖妻倪氏）哀恸几绝。讫送葬归……」

乾隆四十九年 甲辰 1784 庄存与六十六岁 庄述祖三十五岁

正月 存与改礼部左侍郎。《清代职官年表》云存与正月改左，而《清史列传·庄存与》云「四十九年二月，转礼部左侍郎。」

三月 六日，存与兼任知贡举。据《清代职官年表》。臧庸《礼部侍郎庄公小传》：「甲辰，知贡举。」

本年 存与三子庄选辰召试一等三名。

述祖在武进。述祖校勘《白虎通》并相关撰述为卢文弨刊印出版。据《抱经堂丛书》本《白虎通》题面署款「乾隆甲辰抱经堂雕」，可知此书或开雕于本年。此书前附《白虎通雠校所据新旧本并校人姓名》，于「阳湖庄述祖葆琛校」一行下小字注「考及目录、阙文皆所定」，指此书前附《白虎通义考》一文、《目录》及书后附《白虎通阙文》一文，均为庄述祖作。此为庄述祖著作首次出版。

述祖外祖彭启丰卒。庄述祖《珍艺宧文钞·先妣彭恭人行述》：「甲辰岁，外祖父寿终里第，吾母自成服至送葬，哀恸如礼。」谢巍《中国历代人物年谱考录》称朱希祖曾藏有食旧斋蓝格抄本《彭芝庭尚书年谱》二册，下落不明。

乾隆五十年　乙巳　1785　庄存与六十七岁　庄述祖三十六岁

存与在礼部左侍郎任。

八月　存与受命重辑《律吕正义》。《清史列传·庄存与》：「五十年八月，命偕礼部尚书德保重辑《律吕正义》。」《四库全书总目》载有康熙五十二年御定《律吕正义》五卷，又有乾隆十一年奉敕撰《御制律吕正义后编》一百二十卷。存与、德保重辑之书或未卒业。存与又与永瑢、邹奕孝等重定《诗经乐谱》。《清史稿·志六十九·乐一》：「五十二年，命皇子永瑢与邹奕孝、庄存与重定《诗经乐谱》，纠郑世子载堉之谬。」乾隆五十一年存与休致，此言乾隆五十二年存与尚在宫中修书，疑误。或五十二年之二为衍字。康熙帝敕编《律吕正义》，乾隆帝敕编《律吕正义后编》，均为重新厘定乐律正统，校正朱载堉诸说。朱载堉为明宗室，明末著名数学、天文学和音乐学者。参见科学出版社 1992 年版《中国古代科学家传记·朱载堉》。朱载堉在所著《律吕精义》（现存）《乐律全书》（现存）中论证了十二平均律、古代雅乐的绝对音高及和声，并对部分失传的古代乐曲进行了重拟。康熙帝与乾隆帝对朱氏的论证进行过认真研究和模拟试验，但最终没有得出正确结论，便命礼部乐官及皇室弟子中略知乐理者对朱氏理论进行了修正，使正统音乐偏离了科学方向。这是因皇帝个人主观臆断而使社会事务误入歧途的典型事例。参见许之衡《中国音乐小史》（上海商务印书馆 1930 年版）第 67 页及杨荫浏《国乐前途及其研究·下》（载《乐风》杂志 1944 年第 3 卷第 2 期）。乾隆帝敕编《诗经乐谱》三十卷，见存，系乾隆帝命皇子暨乐部诸臣据《诗经》文义重新拟定的古式乐谱，有《四库全书》本。此谱即为推翻朱氏理论，强行推行皇帝个人乐理主张之作。书中未见存与名，或存与曾参与编辑而未及葳事。而即获选参与编辑，亦足见乾隆帝对存与之信赖。当时亦有伸张朱载堉乐理之正确者，凌廷堪即是。另当别论。

诏举『千叟会』，存与与之，受赐诗杖、丰貂、彩缎等物。庄勇成《少宗伯养恬兄传》：『乾隆五十年，纯皇帝举千叟会盛典，兄得与焉。赐以诗杖、丰貂、彩缎等物。稽古之荣，于兄已至。顾或者以兄年未四十即官礼部，后逾三十馀年未尝一转他部，晋秩正卿，（指存与终未升任尚书。引注。）以是为兄惋。岂知虞廷用人，或教稼、或明伦、或礼乐、或为士，终其身各任一职，至有世其官者，何尝以能众职为贤否耶？且兄好学，至老不衰。证今考古，探赜索隐，足为礼乐名臣。然则兄之知遇已隆，而其所得已既多矣。』

述祖在武进。

乾隆五十一年　丙午　1786　庄存与六十八岁　庄述祖三十七岁

一月　二十二日，存与以原品休致。《清史列传·庄存与》：『五十一年正月，上以存与年力就衰，予原品休致。』滞留至秋暮始南归。

八月　存与孙庄隽甲与阮元本年二十三岁。同举江南乡试。是科江南考官为朱珪。朱珪《春秋正辞序》（《味经斋遗书·春秋正辞》前附）：『前辈少宗伯庄方耕先生……之孙隽甲为余丙午典试江南所得士。』阮元《庄方耕宗伯经说序》（《味经斋遗书》前附）：『岁丙午，与公之文孙隽甲同举于乡。是时公已解组归田，未及以通家子礼求见，亲炙其绪言也。』

九月　存与离京，邵晋涵等为送行。据邵晋涵《庄养恬先生祭文》：『前年秋暮，拜送国门。』见本谱乾隆五十三年引。

存与南归，取道山阳。时长子庄逢原为教谕，迎迓舟次。庄勇成《少宗伯养恬兄传》：『兄年六十有八，以礼部左侍郎予告归里……自京归里，道出山阳，时长子逢原为教谕，迎迓舟次，侍立良久。应对小有讹错，即命长跪，得吴夫人为之宽解，乃命起立。父兄之教能先，子弟之教能谨，于养恬、开美，尤见古人家范焉。』

归里后，存与为子孙讲说诸经大义。张惟骧《清代毗陵名人小传稿》卷十一第七页：『芬秀，（存与孙女，庄逢原次女。引注。）字柔芝，又字静媛。武进人，适同里丁履恒。端谨明慧。大父存与学通古今，每为芬秀讲说《毛诗》故训及诸经大义，辄有领悟。故存与晨夕入内，必呼至前，口诏之。又工绣文，尝刺素缣作《大士麻姑像》，眉目衣折如画。针黹外喜读书，髫龀得从嫂指授，遂能诗。有诗百馀首，多沉菀之思。」此所记当为存与归里后事，故附于本年。庄逢原次子庄绶甲生乾隆三十九年，本年十三岁，庄芬秀年齿当去此不远。

本年　庄述祖在武进家塾课子弟读，尝注旧作《腊梅》诗。

《珍艺宧诗钞》卷一第二十四页：『右丙戌岁咏腊梅作也（见本谱乾隆三十一年。引注。）……迄今二十年，顽然之质，无所成就。追念遗训，报痛于心，而寥落疾病之馀，有见于外物直不足恃，始知向所从事者，虽早夜孜孜，适足以堕志，而去圣贤之道日远也。然则遗训所云，盖有在矣，小子敢不勉哉。抚卷流涕而书之。』

臧庸从述祖学，曾一谒存与。

吉川幸次郎《臧在东先生年谱》（1936年2月出版《东方学报》第六册）：本年臧庸『二十岁。治经创端月令，据《吕氏春秋》以校《小戴记》。塾师郑乡先生、庄氏述祖见而奖异之。』臧庸《礼部侍郎庄公小传》（《碑传集补》）：存与『治家严而有法，不苟言笑，于世俗声华玩好之属，淡然无所嗜。性情介，严取予，谨然诺。饮食衣服，刻苦自持。奉差使所过，食用必自治，并戒仆从，不勤馆人。故所莅下车，舆颂翕然。教子孙持家范，勿令稍染时趋。接物中正平易，人亦无敢干以私者。家居宇舍精洁，器物整齐，书籍时亲检点，勿使稍有参错。庸堂（臧庸自称。引注。）少从公之从子葆琛（庄述祖。引注。）进士问学，尝一见公。自惭謭陋，未敢有所质也。后读公《尚书既见》，叹其精通浩博，深于大义，章句小儒未由问津矣。』文末又称：『近者孙伯渊（孙星衍。引注。）观察撰辑《经学渊源录》，属庸堂征采事状，因从公子孙索志铭家传等勿得，得其家行述，于是撰掇其学行大略，著小传，以俟观察裁录焉。』

存与外孙刘逢禄本年十一岁。**来谒存与。**刘逢禄《刘礼部集·记外王父庄宗伯公甲子次场墨卷后》：『余幼时，先妣诲之学，必举所闻于宗伯公（存与。引注。）经史大义，以纠俗师之谬。乾隆丙午，公予告归里，余年十一，叩其所读贾、董文章，喜谓先妣曰：「而子可教，从何师得之？」应曰：「儿弱不好弄，塾师岁时归，舍女自课之耳。」』刘承宽《申受府君行述》（载民国十八年排印本《武进西营刘氏家谱》卷六第八十九页）：逢禄『弱不好弄，每夜分在家塾，非召不入内。既入，而庄太恭人尚口授《楚辞》、古诗，虽就枕不辍。年十一，尝从母归省，时宗伯公予告归里，叩以所业，应对如响，叹曰：「此外孙必能传吾学。」』

乾隆五十二年　丁未　1787　庄存与六十九岁　庄述祖三十八岁

存与在武进。

述祖晋京候选。行前作《珍艺宧诗》。载《珍艺宧文钞》。

述祖居京，常与同邑往还。张惟骧《清代毗陵名人小传稿》卷五《恽敬》：『五十二年，充咸安宫官学教习，时同邑庄述祖、庄有可、张惠言、海盐陈石麟、桐城王灼集京师，与之为友，商榷经义古文。而尤爱重者，张惠言也。』《珍艺宧文钞》卷六有述祖《与张茗柯编修书》《答张茗柯编修书》，写作确切时间待考，姑系于此。

乾隆五十三年 戊申 1788 庄存与七十岁 庄述祖三十九岁

存与次子庄通敏 时在左春坊中允任。充预行正科顺天乡试同考官。据《清秘述闻》《族谱》。

七月 十五日，西历8月16日。庄存与卒于武进庄宅。《族谱》卷三《世系录·第十二世》第五十六页：存与『卒于乾隆戊申七月十五日。寿七十 …… 诰授光禄大夫。』庄勇成《少宗伯养恬兄传》：『年登七十，无疾终于家。所著 …… 凡如干卷，通计不下数十万言，皆藏于家。』《清史列传》称存与五十三年十月卒，误。

邵晋涵曾往武进致祭。黄云眉《邵二云先生年谱》未载本年邵氏行止。据下引『遽闻哀赴，悲哭寝门』及『场室未筑，望远兴哀』句，可知邵晋涵曾往武进致祭。如下全文抄录邵晋涵《庄养恬先生祭文》，据道光十二年刻本《南江文钞》卷十第五页（国家图书馆善本部藏第03229号。嘉庆刻四卷本《南江文钞》无此文）：

呜呼。感知纪遇，自昔铭恩。所尤幸者，钜儒之门。

重光单遏，春闱集试，列侍门墙，获谐夙志。（指乾隆三十六年存与录取晋涵事。引注。）

周末文敝，经训埜蒙，各鸣私术，瓠析不公。

坠绪绍承，名世间出。五百年来，畴传圭臬。

公实挺生，赋资纯粹，则古践修，精爽如对。
遐稽覃核，浑浩靡涯。绪归条贯，隐剔萌芽。
上究本原，不遗枝叶。振裘引纲，汇端合缉。
九家殽杂，舍短取长。翊经轨正，大义以明。
蕴储既深，发为和顺。道积储躬，不矜辨论。
忆初受教，警愦启聋。瞻瞩虽近，钻仰曷从。
益壤纳流，叩端善诱。璞剖其璺，幕发其覆。
授时夕阳，篝灯宵雨。义府闳深，审材资取。
群疑填膈，榛芜积霾。豁然解驳，千门洞开。（自『忆初』至此为晋涵受教明证。引注。）
徐规所学，诗礼居要；麟义公羊，折衷王道；
三代礼乐，指掌瞭如；周官经世，言大非诬；
四德充周，六爻变易；系辞用昭，廓如自辟。
所贵儒者，天人贯通，象纬历算，咸得充宗。
敷绎鸿篇，襄括大典。康成而后，经神载见。
前年秋暮，拜送国门。（乾隆五十一年存与归里时事。引注。）谒庐请益，远愿攸存。
曾不再稘，遽闻哀赴，悲哭寝门，行云莫溯。
呜呼。公撰巍科，卿云昼绚。迭简抡材，南金东箭。
容台正色，语绝嫔婜。礼全终始，寿宴婆娑。

公德在人，公猷在史。泽裕后昆，书传奕禩。
从游之列，哭其所私，缅怀曩者，涕泗涟洏。
奉公教言，犹若瞀眩。读公遗书，讵能扬阐。
场室未筑，望远兴哀。梁木之痛，曷有极哉。

庄述祖曾一归故里。

刘逢禄 本年十三岁。已遍读十三经。见本谱嘉庆三年引。

乾隆五十四年 己酉 1789 庄述祖四十岁

三月 述祖至京，待选于吏部。

八月 二十日，述祖妻倪氏逝于武进。述祖有诗《得家书言亡妻墓已封志感》。载《珍艺宧诗钞》卷二第十一页。庄述祖《珍艺宧文钞·亡妻倪孺人家传》：『及余随部檄来京师求禄养，（倪氏）犹屡趋余行。将行，谓余：「数千里远游，念老母弱子，其何能一刻安？虽然幸自爱，但以我为兄弟可也。子职我当任之。」其意欲以坚余四方之志，而自忘其病已深也。悲夫。始病暑时下痢，至秋转剧，气悟呕吐，不能进饮食，遂至不起。盖余至京师逾五月而孺人病且殁，去夫人之殁四十三日而余始知之。呜呼。可悲也已。孺人之弟时庆权丹阳县令，自病及卒得亲视焉。孺人生于乾隆十七年四月十七日申时，卒于五十四年八月二十日辰时，年三十有八。男一人，廉甲，聘钱氏，故中书舍人中铣女，余伯姨出也。女一人含章，甫周岁。孺人体素羸，恒自忧命之不长，然志甚锐，汲汲焉时进，余所不及。以为名位事业，皆有可自致，何乃屑屑作章句儒，长顑颔为，后世谁相知？余屡见黜于有司，及成进士，又退归，辄为之气沮焉！乌呼！荣、悴，遇也。修、短，寄也。彼虑常余于事，故终身忧患之中，以累其天年，而中道夭。于今已矣。凡所冀望而不可得者，今乃大觉矣，无复为我戚戚矣，是安知不悔夫向之所忧也邪？顾不自量者，犹役役而未知所止也，又安知不遗彼大觉者以大戚也邪？而我诚何以为情也？于孺人之生既无以荣之，其死也，又岂有以传之？独俯仰身世，无穷之感，时时往复于胸中。」孺人之弟倪时庆，即倪承宽长子，号豫安。见乾隆四十八年。《珍艺宧诗钞》收录《寄豫庵内弟》诗数首。

本年卢文弨至常州主讲龙城书院。

乾隆五十五年 庚戌 1790 庄述祖四十一岁

四月 述祖奉部引见。《中国第一历史档案馆藏清代官员履历档案全编》第十二册第484至492页：『乾隆五十五年四月……臣巴延三等会同科道刘湄等传齐月官，于四月二十八日详加验看，得四月分月官……简用知县庄述祖等五员补行引见……细加询问，均无事故相应。奏闻。恭候钦定……简用知县庄述祖等五员履历：臣庄述祖，江苏常州府武进县人，年四十岁。由乾隆四十五年进士候选知县。今轮班拟补。敬缮履历。恭呈御览。谨奏。』

述祖获选甘肃崇信县知县。宋翔凤《庄先生述祖行状》（《碑传集》）：『……部檄至，谒选，得甘肃崇信县。』庄述祖《珍艺宧文钞·先妣彭恭人行述》：『五十五年，述祖选甘肃崇信县。』

述祖以亲老请改补近省。庄述祖《珍艺宧文钞·先妣彭恭人行述》：『……以亲老告近改选山东昌乐县。』

十二月　述祖分签掣山东青州府昌乐县知县缺。明年初钦定。昌乐县名今存，位于今山东潍坊市以西，青州市东。《中国第一历史档案馆藏清代官员履历档案全编》第十二册第 484 至 492 页：『臣彭元瑞等会同科道裴灵额等传齐月官，于正月二十八日详加验看，得乾隆五十五年十二月分月官……简用知县喻廷中等四员补行引见……臣庄述祖……年四十一岁，原选甘肃崇信县知县，亲老改补近省。乾隆五十五年十二月分签掣山东青州府昌乐县知县缺。敬缮履历，恭呈御览。谨奏。乾隆五十六年正月二十八日。』

本年　述祖在北京代王念孙　本年四十七岁。撰《任子田小学钩沉序》。载《珍艺宧文钞》卷五第二十三页。任子田即任大椿，去年卒。

乾隆五十六年　辛亥　1791　庄述祖四十二岁

六月　述祖赴昌乐任知县。宋翔凤《庄先生述祖行状》：『辛亥六月之任。』母彭氏随任。庄述祖《珍艺宧文钞·先妣彭恭人行述》：『五十六年，乞假，迎吾母赴任。昌乐为青郡，积疲之缺，历任安陋就简。公堂以后，草屋数间，上漏下湿。不孝一见愕然。吾母进署，周视屋宇，笑曰：「寒素人家，得此亦不恶矣。我初至京师时，数载之间，屡次迁徙，或至局处一厢屋中，夜铺昼卷，亦未尝在意。吾仅汝一子，即往甘肃，吾亦同行，汝但能安心供职，不负此一县人，我固无往而不安也。」不孝谨受命。」

冬　述祖署理益都知县两月，益都县名今已裁撤，其位置即今青州市区西南部。后回昌乐知县任。庄述祖《先妣彭恭人行述》（接前引）：「……是冬署益都县，两月回任。」

述祖继续《夏小正》研究，修订有关系列文稿。庄述祖《明堂阴阳夏小正经传考释序》（《珍艺宧遗书·明堂阴阳夏小正经传考释》前附）：「嗣以吏部选人，为吏山左，日从事于簿书。然车中枕上，固未尝少置也，亦时有所增益。」

乾隆五十七年　壬子　1792　庄述祖四十三岁

述祖任潍县知县。潍县地名今已裁撤，位置即今潍坊市区西北部。有诗《到潍县》。《珍艺宧诗钞》卷二第十三页。宋翔凤《庄先生述祖行状》：「调潍县，明畅吏治，刑狱断罪，堂皇坐，决不假幕客，鲜有失当。治豪猾，皆敛迹。前官交仓库有缺，辄撙节以补之。大吏则恭敬以事之。时时以老母为念，不敢矫激以贻忧也。」

秋　述祖充山东乡试同考官。宋翔凤《庄先生述祖行状》（见明年引）云述祖「相继两充同考官」，当指本年及乾隆五十九年恩科两次乡试。

冬　述祖接母至潍县署。庄述祖《珍艺宧文钞·先妣彭恭人行述》：「奏调潍县。其冬迎吾母至署，私心稍觉自安。益都、潍县去昌乐皆不过数十里，不孝于《谢赴任词》中有云：「去岁委署益都，今兹奏调潍邑，地皆邻近，俗较殷繁，移家无跋涉之劳，就养有甘旨之奉。」皆由衷之言也。』

乾隆五十八年 癸丑 1793 庄述祖四十四岁

述祖在潍县任。宋翔凤《庄先生述祖行状》：述祖『治潍五年，尤培奖士林。邑人韩公復，守濂、洛之说，意气傲岸，先生礼敬如父执。诸生傅廷兰，寒士修谨，以孝廉方正荐于大府，于童子试所识拔登科第者。相继两充同考官，所荐皆经术士。亦辄以经义断事。尝勘盐碱废地，询之耆老不能辨，或请尝土味鹹甘以别之。先生笑曰：「吾能徧食块为若曹辨盐碱耶？顷吾见田间有生马帚草者，马帚，荓也，即王萯之类，夏时始于王萯秀，终于荓秀，其草萯者宜麦，其草荓者宜禾，此等出秀之地，不准盐碱。」耆老皆服。』

七月 阮元本年三十岁。之山东学政任，知述祖其人。阮元《庄方耕宗伯经说序》（《味经斋遗书》前附）：『述祖官山东，元视学时常叹其学有本原，博雅精审，为不可及。』

本年 存与遗著《尚书既见》于武进刊行。据国家图书馆藏《味经斋遗书》（见本谱后附《庄存与著作及版本》）第四册扉页题『尚书既见 乾隆癸丑栞 味经斋藏版』。

刘逢禄补弟子员。李兆洛《礼部刘君传》（道光二十九年刊《养一斋集》卷十四第一页）：逢禄『生十八年补弟子员。』

乾隆五十九年　甲寅　1794　庄述祖四十五岁

述祖在潍县任。充恩科山东乡试同考官。

以卓异送部引见。庄述祖《珍艺宧文钞·先妣彭恭人行述》：『五十九年，大计，述祖以卓异送部引见。』因不拜和珅，记名签为所撤。宋翔凤《庄先生述祖行状》：『甲寅岁，大计，以卓异荐引见。奉旨交军机处记名。同时记名者，必候和珅门，叩头桥前。独先生与云南知州屠君伸不往。屠君以知州升通判，实则降一阶。先生记名签为和珅所撤。』记名签即官员候升档案。

本年卢文弨卒于常州龙城书院。

乾隆六十年　乙卯　1795　庄述祖四十六岁

述祖在潍县任。有诗《初葬亡妻封而不树及改葬北郊之芮树长子已夭诸子嗣孙皆幼荒烟蔓楚枨触于怀不得已莳松千株杂以桧柏石楠冬青岂有十年之计姑以塞目前之悲云尔》。载《珍艺宧诗钞》卷二第十四页。

本年　存与长子庄逢原卒。据《族谱》。

述祖长子庄廉甲卒。据《族谱》。时廉甲妻钱氏二十二岁，无子。初以庄隽甲子庄缤澍为嗣。庄士敏《旌表节孝钱太孺人传》（《族谱》卷二十一第五十二页）：『太孺人姓钱氏，珍艺先生之冢妇，文学总群君讳廉甲之配也。钱、庄世为姻娅，孺人为文敏公（钱维城。引注。）女孙，中书舍人中铣之女。方其初归，两家方鼎盛。能赞文学君孝事父母，事上接下，无骄惰之容。闺门之内，肃雍有礼。年二十二，文学告逝。孺人抚嗣子缤澍，（存与孙，庄隽甲次子。）教之读书。茹檗饮冰，不以哀毁伤舅姑意。』后庄缤澍归宗，（约因庄隽甲长子殇。见嘉庆三年引。）再以庄文灏长子庄毓鋐嗣之。

本年庄勇成为已故存与撰家传。载《族谱》卷二十第八十六页。

嘉庆元年 丙辰 1796 庄述祖四十七岁

述祖在潍县任，有诗《题潍邑学校诸君及诸游好赠行诗卷后》。载《珍艺宧诗钞》卷二第十五页。

九月　九日，述祖作《明堂阴阳夏小正经传考释序》，知此系列文稿大部已初具。见嘉庆十四年。

嘉庆二年 丁巳 1797 庄述祖四十八岁

述祖署曹州府桃源同知，请归终养。七月十五日离任。九月奉母南归，十月抵武进。庄述祖《珍艺宧文钞·先妣彭恭人行述》：『不孝于嘉庆二年沥请终养，自山左奉吾母归里……吾母年近八旬，长子夭殁，遂请于大府，愿乞终养，奉母回籍，且请先行离任，俟后任清查经手仓库具结后，然后通详檄署曹州府同知，不孝即于同知任内详请终养，时嘉庆二年七月十五日也。九月，不孝奉吾母南归。十月抵家。」宋翔凤《庄先生述祖行状》：「嘉庆丁巳岁，奉彭恭人归里，色养著书，未尝一日离左右，凡十六年……里居未尝谒州府，亦不以书问通当路，不与乡人酒食之会。然有荒灾振恤之事，当处乏时，贷屋百金助振，以劝乡党，未尝遗馀力也。」

继配吴氏是年来归。庄毓鋐撰《吴太孺人传》（《族谱》卷二十一第三十页）：「祖妣吴太孺人，王考珍艺府君之侧室。珍艺府君既归田，而毓鋐嗣父殁，始纳太孺人。生世父二人暨毓鋐本生考及四叔父、三姑。太孺人渐渍珍艺府君之教，明礼仪，知大体，不识字而喜听儿孙读书。晚景康娱，贫而能乐。庚申之难，年八十有二矣，闻城陷，投池以殉。」

三子震甲生。据《族谱》。

嘉庆三年　戊午　1798　庄述祖四十九岁

述祖在武进，足不出户，奉亲养母，继续《夏小正》研究。见嘉庆十四年。庄述祖《珍艺宧文钞·先妣彭恭人行述》：「元旦一至，家祠书室落成亦一至。自兹以后，杖履不逾寝室矣。不孝姊妹四人，次姊早夭，长姊归钱氏，姊婿殁，长姊与吾母相依，天性至孝。」述祖居官淡泊，归里后生活拮据，亡子廉甲媳钱氏常典鬻陪嫁以供不时之需。庄士敏《旌表节孝钱太孺人传》（《族谱》卷二十一第五十二页）：「珍艺先生旋归田，孺人（钱中铣女，廉甲媳。时廉甲已逝。见乾隆六十年。引注。）独任家事。珍艺先生居官淡泊，不治生，以经术缘饰吏治，其治家也亦然。孺人觇候君舅所，典鬻嫁时衣物以供甘旨。问直则诡辞以对，簿记不爽。珍艺先生食之而甘，谓市价固廉，不伤于俭也。珍艺先生支子既多，而缤澍应归后，本宗乃别抚犹子毓鋐为子，教之一如缤澍。析产时无藏书，孺人不校曰：「吾子孙能读书，固能自致之，何事纷扰耶？」居恒于家庭委曲，辄弥缝匡救，无疾言遽色。通诗书，解吟咏，自遭文学（庄廉甲。引注。）之丧，非出入簿记遂无一字。道光七年旌表节孝如例。逮乎晚岁嗣子能先意承志。孺人棲情冲漠，怡然自适。二十七年九月寿终，年七十有四。比敛，温软如生，习释家言者咸嗟叹不置云。』

刘逢禄 本年二十三岁。**始著《春秋公羊经何氏释例》，从述祖受业。** 刘承宽《申受府君行述》（载民国十八年排印本《武进西营刘氏家谱》卷六第八十九页）：逢禄『十三岁（在乾隆五十三年。引注。）而十三经及周秦古籍皆毕。尝读《汉书·董江都传》而慕之，乃求得《春秋繁露》，益知为七十子微言大义，遂发愤研《公羊何氏解诂》。不数月，尽通其条例。年十有八（在乾隆五十八年。引注。）补府学生。逾年，从舅庄先生述祖自济南乞养归，（述祖归里在去年。引注。）与语群经家法，大称善。时庄先生有意制《公羊》，遂辍业。府君（指刘逢禄。引注。）复从受夏时等例及六书古籀之学，尽得其传。学益进。庄先生尝曰：「吾诸甥中，若刘甥（指刘逢禄。引注。）可师，若宋甥（指宋翔凤。引注。）可友也。」』后戴望《故礼部仪制司主事刘先生行状》（载宣统三年风雨楼铅排本《谪麐堂遗集》卷一第十八页）抄录此段文字。又，庄述祖曾为刘逢禄详释《书序》，逢禄因著《书序述闻》（收入《皇清经解续编》）。《珍艺宧文钞》卷六有述祖《与刘甥申甫书》《答宋甥于廷书》，写作时间不详，姑系于此。

嘉庆四年　己未　1799　庄述祖五十岁

乾隆帝崩。嘉庆帝亲政，赐和珅自尽。

述祖在武进。

军机处补述祖记名档。朝中有欲起者，辞不就。宋翔凤《庄先生述祖行状》：『先生记名签为和珅所撤。今上亲政，章京有知其事者始补入，而先生已乞终养矣。以进士家居，时梁阶平（梁国治。引注。）相国欲使应召试官山东，时毕秋帆（毕沅。引注。）抚部欲以府同知题荐，皆辞不就。盖非淡于荣进，恐以奔竞之习丧所守也。』

宋翔凤　本年二十四岁。随母归宁，从述祖学。宋翔凤《庄先生述祖行状》：『翔凤先母为先生女弟，己未岁归宁，命翔凤留常州，先生教以读书稽古之道，家法绪论，得闻其略。』另据谢忱《张惠言先生年谱》乾隆五十四年称，张惠言之子张成孙（生于乾隆五十四年，字彦惟）亦曾从庄述祖学。可知述祖归里后所教不限庄氏一族。

嘉庆五年　庚申　1800　庄述祖五十一岁

述祖在武进。

仲春　庄勇成为庄培因撰传。即《学士仲淳弟传》，载《虚一斋集》前附。

三月　述祖子文灏生。据《族谱》。

秋　述祖一往吴中。庄述祖《珍艺宧文钞·文林郎议叙知县彭君行状》：「庚申秋，余至吴中，登君（指彭希韩。引注。）之堂。」彭希韩为彭启丰孙，彭绍谦子。

本年　刘逢禄拔贡生。李兆洛《养一斋集·礼部刘君传》：「二十五，中拔萃科。」入都应朝考。在京问学于张惠言，旋被黜。戴望《谪麐堂遗集·故礼部仪制司主事刘先生行状》：「嘉庆五年，年二十有五，举拔贡生，旋入都应朝考。时文定公（刘纶。引注。）及世父侍郎故旧遍京师，先生不往干谒，唯就张编修惠言问虞氏《易》、郑氏三《礼》，竟以此被黜。」

宋翔凤中举。

嘉庆六年　辛酉　1801　庄述祖五十二岁

述祖在武进。述祖五子循博生。据《族谱》。

四月　十五日前后，朱珪应存与孙庄隽甲、庄贵甲邀，为作《春秋正辞序》。朱珪《春秋正辞序》（《味经斋遗书·春秋正辞》前附）：「隽甲……偕其弟贵甲来京师，持公（指存与。引注。）所纂《春秋正辞》十一卷，托向序于余。余受而读之……嘉庆六年龙集辛酉四月望，大兴朱珪序。」

嘉庆七年　壬戌　1802　庄述祖五十三岁

述祖在武进。庄述祖《珍艺宧文钞·文林郎议叙知县彭君行状》：「壬戌……余久病废，足迹不能逾里闬。」

嘉庆八年　癸亥　1803　庄述祖五十四岁

述祖在武进。

存与遗著《周官记》始刊于本年。据《味经斋遗书》本《周官记》扉页署款。见本谱后附《庄存与著作及版本》。

嘉庆九年　甲子　1804　庄述祖五十五岁

述祖在武进。

嘉庆十年　乙丑　1805　庄述祖五十六岁

述祖在武进。

述祖六子庄成久生，旋卒。

闰六月　二十八日，臧庸堂弟臧礼堂卒。述祖应臧庸请，为臧礼堂《小徐说文纂补》作叙。载《珍艺宧文钞》卷五。

嘉庆十一年 丙寅 1806 庄述祖五十七岁

述祖在武进。

嘉庆十二年 丁卯 1807 庄述祖五十八岁

述祖在武进。

述祖七子庄振铎生。据《族谱》。

刘逢禄举顺天乡试。戴望《谪麐堂遗集·故礼部仪制司主事刘先生行状》：「十二年，举顺天乡试中式。座主孔编修昭虔，故世治《公羊春秋》，得先生卷大惊，国士遇之。」

嘉庆十三年 戊辰 1808 庄述祖五十九岁

述祖在武进。

嘉庆十四年 己巳 1809 庄述祖六十岁

述祖在武进。庄绶甲、庄又朔、宋翔凤等从其学。

述祖自刻《明堂阴阳夏小正经传考释》系列书之一部分。庄述祖《明堂阴阳夏小正经传考释序》（《珍艺宧遗书·明堂阴阳夏小正经传考释》前附）：述祖『迄终养归，复为修改。至嘉庆十四年之冬，始以所录《夏时明堂阴阳经》及《夏小正诸本异同》并所为《说义》，先刻三卷。他若《夏小正音读考》四卷、《夏小正等例》一卷、《注补夏小正等例》附□（原阙。引注。）卷、《夏时杂议》□（原阙。引注。）卷皆未卒业，以纂集《古文甲乙篇》，中辍。』

本年起，述祖开始小学及古文字研究，始著《古文甲乙篇》，后更名为《说文古籀疏证目》。以为《归藏》，黄帝《易》也，古籀条例皆由此出。宋翔凤《庄先生述祖行状》：『先生撰《夏小正经传考释》，以斗炳、南门、织女记天行之不变，以参中、火中纪日度之差。又据二月丁卯，断夏时以正月甲寅起蛰，为历元。解岁祭为郊；万用入学，为明堂之祭……又撰《古文甲乙篇》，谓许氏作偏旁条例以序文字，始于一，终于十，日十二辰，此六书之条例所从出，合于《尔雅》岁阳岁名，以明十二支藏遁之法，有归藏之义焉。凡天地之数，日辰干支，在黄帝世，大挠作之，隶首纪之，沮诵、仓颉名之，以书契易结绳。故伏羲画八卦之后，以此三十二类为正名百物之本。故《归藏》，黄帝《易》也，古籀条例皆由此出。凡许书所存及见于款识者，分别部居，各就条理。晚年常为口号曰「惯看模糊字，专攻穿凿文」，亦纪实也。时从兄子绶甲日从讲论，得之最详。其摹写钟鼎彝器释文，皆出次子又朔手。翔凤为四方之游者，十年于兹，每于邮书中闻先生发明《归藏》之说，因思《归藏》首坤，坤辟亥。亥，壬甲之所藏也。则六壬、六甲之占，皆本于《归藏》，惜仅存于术家。得先生之说而阐绎之，坤乾之义，佚而后存；夏时之等，微而后显。同时王给事念孙作《广雅疏证》，段大令玉裁作《说文正义》，每采先生之说，叹为精到，不知其尚为微文碎义，非其至者也……今本《列女传》《文王太姒》条乙去数行，以为后人羼入，后吴门顾氏得宋本，则无此数行，臧文学庸叹服焉。』王念孙本年六十六岁，段玉裁本年七十五岁。述祖广交当时汉学名儒，并钻研训诂、小学，为学志趣与庄存与大异。乾隆五十五年，述祖尝代王念孙为任大椿书作序。《珍艺宧文钞》卷六有《答王伯申问梓材书》及《答孙季述观察书》三首等，徐世昌《清儒学案·方耕学案》尝予抄录。诸答书写作确切时间待考，暂记于此。又，嘉庆间孙星衍曾辑刊《岱南阁丛书》，其中第二种为《春秋释例》十五卷，署杜预著，庄述祖、孙星衍校。参见谱后《庄述祖著述目录及版本情况》。

嘉庆十五年 庚午 1810 庄述祖六十一岁

述祖在武进。

存与次子通敏卒。据《族谱》。

嘉庆十六年 辛未 1811 庄述祖六十二岁

述祖在武进。

刘逢禄 本年三十六岁。之京师，馆于阮元 本年四十八岁。邸，宋翔凤时与会晤。阮元《庄方耕宗伯经说序》（《味经斋遗书》前附）：『岁辛未，公之外孙刘逢禄应春官试，馆于邸寓。公之从外孙宋翔凤亦时来讲学。益叹公之流泽长也。』据《阮元年谱》，本年七月阮迁居北京西城阜城门内上冈宅。后道光二年阮元四子孔厚娶彭启丰曾孙女，则阮元与庄述祖为平辈姻亲。

述祖母亲彭氏九十大寿，梁同书有联贺之。《族谱》卷十八上《盛事》第五页：『恭人九十寿，时钱塘梁学士同书赠联云「三从两冠胪传榜，百岁初开燕喜筵。」盛事也。』

嘉庆十七年　壬申　1812　庄述祖六十三岁

述祖在武进。

十一月　三日子时，述祖母彭氏卒。庄述祖《珍艺宧文钞·先妣彭恭人行述》：彭氏『卒于嘉庆十七年十一月初三日子时，享年九十有一。敕封孺人，例封恭人。子一人，述祖，进士，山东潍县知县，署曹州府同知。娶倪氏，前卒。女四人，长适钱中铣，举人、内阁中书。次字刘敏学。次适宋简，进士，贵州玉屏县知县，署平远州知州。次适计绶，太学生。女皆前卒。孙男七人，廉甲，前卒，娶钱氏。又朔，为族兄兆馨后，娶倪氏。震甲。文灏，聘杨氏。循博，聘毕氏。成久。曾佑。孙女四人，长适华瑞熊，馀俱幼。今谨卜十二月二十六日安祔于德泽乡青山庄先考侍讲学士府君之墓。』宋翔凤《庄先生述祖行状》：『彭恭人九十一岁，于壬申冬寿终，先生已六十有二。居丧毁瘠，举殡时路旁见者，无不动色。终練祥疏食水饮，乃自号曰「檗斋」。』

嘉庆十八年　癸酉　1813　庄述祖六十四岁

述祖在武进。

五月　述祖病，自规身后事。宋翔凤《庄先生述祖行状》：『癸酉岁仲夏，疾病作，遗命告其子又朔等曰：「吾年过六旬，尚何恋恋于人世耶？吾不幸十岁而孤，不及奉过庭之训，蒙诸兄善诱，略知文义。三十后成进士。归，孜孜者近十年，疾病忧患，时扰阻之。四十后始历仕途，无所树立，终身抱愧。晚欲锐力于少年未竟之业，借此以赎愆尤，为学益勤，为心愈苦，此汝等所目击也。今所造就，仅有一知半解，亦为吾毕生伥伥何之之故。欲与汝等稍指迷途，汝等若不知措意，此皆尘煤烟烬而已，何足道哉。吾去后，汝等兄弟务须同心敬事寡嫂，吾附身之事，止用随时旧制，不必临时抢攘，徒益烦费。逾月即葬，每日供饭一盂、水一盏、香一炷足矣。柩出门即就舟，不必招摇道路，涂人耳目。凡以七数日拘忌阴阳及延僧道作法事，皆宜屏绝。我非排斥异教，但无益之为生死两累。吾善吾生，即善吾死，岂他人所能代我忏悔耶。汝等能守曾祖父家规，克勤克俭，或耕或读，皆不失为清白子孙。若妄作妄为，自取罪戾，祖先亦不能佑汝也。勉之戒之。」后病少间，又五年，（实为三年。引注。）卒于家。』

述祖诗《读左杂咏》《示儿子又朔》载《珍艺宧诗钞》卷二。约作于本年。《珍艺宧诗钞》所收止于本年。

本年　述祖八子庄佺龄生。据《族谱》。

嘉庆十九年　甲戌　1814　庄述祖六十五岁

述祖在武进。补刻《明堂阴阳夏小正经传考释》系列未刻部分，年初再为序。

庄述祖《明堂阴阳夏小正经传考释序》（《珍艺宧遗书·明堂阴阳夏小正经传考释》前附）：『今遭大故，（指十七年母彭氏卒。引注。）草土馀生，仅留残喘，恐旦莫填沟壑，乃取前所未刻各种，更加芟并。益以近日所见，与前所刻三卷往往多不合者。然今之所见未必尽是，昔之所见未必尽非。即一人之管窥蠡测，犹复歧出不伦如此，况敢质诸人而自信以为必然者耶？言之不文，略举前后之所以不相顾者，以示儿曹云。嘉庆十九年正月十二日，棘人庄述祖谨识。』参见本谱嘉庆十四年。

春　刘逢禄成进士，入翰林。戴望《谪麐堂遗集·故礼部仪制司主事刘先生行状》：『十九年，成进士，授翰林院庶吉士。逾年散馆，改授礼部主事。』

嘉庆二十年　乙亥　1815　庄述祖六十六岁

述祖在武进。

嘉庆二十一年　丙子　1816　庄述祖六十七岁

六月　廿三日，西历7月16日。述祖卒于武进。《族谱》卷三《世系录》：述祖『卒于嘉庆丙子六月廿三日，寿六十有七……敕授文林郎。貤赠光禄大夫。』

附　庄存与著作及版本

国家图书馆藏最全一套庄存与《味经斋遗书》，索书号 23。武进庄氏宝研堂乾隆五十八年至道光以后递刊本。半页十行，行二十字，黑口，左右双边、双鱼尾。线装（非原装，为后人重订）八厚册。共收书十五种。以下分册著录子目及主要版本项：

第一册　扉页题『味经斋遗书　宝研堂藏版』

阮元《庄方耕宗伯经说序》未署年月

魏源《武进庄少宗伯遗书叙》未署年月

味经斋遗书总目

易一　彖传论一卷　彖象论一卷　系辞传论二卷　八卦观象解二卷　卦气解一卷

书二　尚书既见三卷　尚书说一卷

诗三　毛诗说四卷

周官四　周官记五卷　周官说五卷

春秋五　春秋正辞十一卷　春秋举例一卷　春秋要指一卷

乐六　乐说二卷

四书七　四书说一卷

第一种　**彖传论**　二篇（原文如此。与总目不符）

前附董士锡道光八年作《易说序》

正文首页署名『赐进士及第授光禄大夫礼部左侍郎加一级乐部大臣南书房上书房行走庄存与撰』。后诸书正文首页均有此署名。

第二种　**彖象论**

第二册　此册无扉页，首页即正文页，首行题『彖象传』三字，而版心仍题『彖象论』。

彖象传

第三种　**系辞传论**　二卷

第三册　扉页题『八卦观象解二篇　卦气解一篇附　味经斋遗书』

第四种　**八卦观象解**　二篇

前附薛子衡道光十八年八月作《跋》宋景昌同年季秋月作《跋》

第五种　**卦气解**　一卷

后附《周书时训解》《蛊元亨利涉大川先甲三日后甲三日》两篇

第四册　扉页题『尚书既见　乾隆癸丑栞　味经斋藏版』

第六种　**尚书既见**　三卷

第七种　**尚书说**　一卷

加页题『毛诗说　道光七年栞　味经斋遗书三』

第八种　**毛诗说**　四卷

第五册　扉页题『周官记　嘉庆癸亥栞　味经斋藏板』

第九种 **周官记** 五卷

前附庄存与乾隆四十八年六月上旬作《序冬官司空记》

后附庄绶甲道光七年六月三日作《周官记跋》

第十种 **周官说** 五卷（原二卷。庄绶甲整理庄存与零散片什为补三卷）

第六册 扉页题『春秋正辞 春秋举例春秋要指附录 道光七年丁亥岁栞 味经斋遗书六』

第十一种 **春秋正辞** 十一卷（第六册为卷一至卷五）

前附朱珪嘉庆六年四月十五日作《序》

前附《春秋正辞序目》

第七册（此册无扉页，首页即《春秋正辞》卷六第一页）

春秋正辞 卷六至卷十一（卷十一仅一页，似未卒编）

第十二种 **春秋举例** 一卷

第十三种 **春秋要指** 一卷

第八册 扉页题『乐说二卷 味经斋遗书』

第十四种 **乐说** 二卷

第十五种 **四书说** 一卷

后附蒋彤《跋》（未署年月）

其中第五种《卦气解》：嘉庆二十五年刊《浮溪精舍丛书》、光绪十四年刊《皇清经解续编》、光绪间李明墀辑刊《木犀轩丛书》等均收入此书。第六种《尚书既见》：李兆洛著有《尚书既见序》，载《养一斋文集》卷三。第九种《周官记》五卷、第十种《周官说》五卷（即《周官说》二卷及《周官说补》三卷）：《皇清经解续编》收入。第十一种《春秋正辞》十一卷、第十二种《春秋举例》一卷、第十三种《春秋要指》一卷：道光九年刊《皇清经解》收入此三种，合称《春秋正辞》十三卷。艾尔曼先生推测刘逢禄、庄绶甲曾说服阮元将庄存与著作收入《皇清经解》，并称《味经斋遗书》系阮元资助刊刻，不知所据。第十四种《乐说》二卷：经检阅，是书包括图表《宋史燕乐志七字谱配古律法》《配七音法》《毛氏竟山乐录配古律法》《配七音法》《今定配十二律四清法》《元声定位经纬四通成十二均图》等，又分题解说《成律合声论》《天位人声地律论》《六乐解》《七律解》《合乐解》《律书解》等。臧庸《礼部侍郎庄公小传》列有《律谱六乐解》《九律解》《声应生变解》《成律合声论》《审一定合解》《天位人声地律论》《合乐解》《径论》《律书解》《琴律解》《瑟音论》等，计十二题。《族谱》称此书十二卷，当为十二题。而《族谱》及张惟骧《清代毗陵书目》（常州旅沪同乡会民国三十三年版）均著录庄存与著有《易说》十五卷、《算法约言》一卷，均未见。或《易说》即『关易诸说』之总题目，亦即今所见《味经斋遗书》之前五种之概称。《清代毗陵书目》又云，庄存与尚有《味经斋文稿》四卷，已佚。

存与所著书生前均未刊刻，诸书写作时间及先后顺序亦待考证。据《尚书既见》扉页署款，知其书刊于乾隆五十八年，据《周官记》扉页署款，知其书刊于嘉庆八年，此两种为存与遗著中较早刊刻者。嘉庆六年，存与孙庄隽甲、庄贵甲携《春秋正辞》抄本往京师求序。同年四月，朱珪为作序，后刊刻于《春秋正辞》前。

道光七年六月三日，庄绶甲作《周官记跋》，见谱中乾隆四十八年引。

道光八年，庄绶甲发刊《易说》《尚书既见》《春秋正辞》《周官记》《尚书说》《毛诗说》诸书，其中《尚书说》《毛诗说》未刻竣，而绶甲于道光八年十二月二十三日卒。张惠言女婿董士锡《易说序》：『道光八年，其孙绶甲刻所著《易说》若干卷，成以示余，再三读之。盖先生深于《周礼》，深于《春秋》、天官、历律、五行之学……其为文，辩而精，醇而肆，旨远而义近，举大而不遗小，能言诸儒所不能言。不知者以为乾隆间经学之别流，而知者以为乾隆间经学之巨汇也……余为张先生惠言弟子，学《易》谨守师法，如庄先生书，昔所未见。循诵既毕，窃叹天壤间学问之大，有非可以一端竟者。因即所见，以附识此。道光八年十月十日后学董士锡谨序。』李兆洛《养一斋文集·附监生考取州吏目庄君行状》：『绶甲，字卿珊……承师论文，博访孤旨，如张编修皋文、（张惠言。引注。）丁大令若士、（丁履恒。引注。）刘礼部申受、（刘逢禄。引注。）宋大令于庭、（宋翔凤。引注。）董明经晋卿（董士锡。引注。）诸子，无不朝夕研咏，上下其议论……宗伯公（庄存与。引注。）所著诸书多未刊布，君研精校寻，于未刻者次第付梓，已刻者补续未备，每一书竟，即探求旨趣，附记简末，条理秩然可观。惜乎仅竟三书而遽属疾不起也……君于师友谊甚笃。若士，君姊婿也，君少从问业，终身执弟子礼甚恭。申受、于庭、晋卿皆亲串，并年小于君，然每折衷经义问所疑否……君生乾隆甲午（乾隆三十九年。引注。）九月二十八日，卒道光戊子（道光八年。引注。）十二月二十三日，年五十有五。配刘，即申受从女兄。』李兆洛《养一斋文集·珍艺先生遗书序》：『兆洛自交若士、申受两君，获知庄氏之学……宗伯诸书，文孙卿珊已刻之，未竟而殁。』李兆洛《养一斋文集·拾遗补艺斋遗书序》：『方耕先生遗书皆未刻，君（庄绶甲。引注。）始为次第刊之，仅成一二种，而君死矣。』

道光九年，阮元主持刊刻《皇清经解》，收入庄存与《春秋正辞》十三卷。阮元《庄方耕宗伯经说序》：『元于庚寅岁（道光十年。引注。）建学海堂讲舍于粤东，思欲搜采皇朝说经之书，选其精当，胪其美富，集为大成，为后学津逮。兹刘君（刘逢禄。引注。）从其外兄庄绶甲录寄宗伯公（庄存与。引注。）遗书凡口（原阙。引注。）种，元受而读之。《易》则贯串群经，虽旁涉天官、分野、气候，而非如汉宋诸儒之专衍术数、比附史事也。《春秋》则主公羊、董子，虽略采左氏、谷梁氏及宋元诸儒之说，而非如劭公所讥「倍经任意，反传违戾」也。《尚书》则不分今古文文字同异，而剖析疑义，深得夫子序《书》、孟子论《书》之意。《诗》则详于变雅，发挥大义，多可陈之讲筵。《周官》则博考载籍有道术之文，为之补其亡阙，多可取法致用。《乐》则谱其声、论其理，可补古《乐经》之阙。《四书说》敷畅本旨，可作考亭（朱熹。引注。）诤友，而非如姚江王氏、（王守仁。引注。）萧山毛氏（毛奇龄。引注。）之自辟门户、轻肆诋诰也。公通籍后在上书房授成亲王经史垂四十年，所学与当时讲论或枘凿不相入，故秘不示人。通其学者，门人邵学士晋涵、孔检讨广森及子孙数人而已。』此文所言『元于庚寅岁建学海堂讲舍于粤东』，而《阮元年谱》称学海堂建成于道光四年十二月。《皇清经解》刊成于道光九年，亦早于庚寅（道光十年）。此文不载《研经室集》，台湾陈鸿森先生颇疑为他人代作。此文虽出处不明，所言有两点尤可注意，一是存与论学『可作考亭诤友』、『所学与当时讲论或枘凿不相入』，明言其学属宋学系统。一是刘逢禄『从其外兄庄绶甲录寄宗伯公遗书』数种，而实际收入《皇清经解》者只有一种。

道光十八年，李兆洛受存与后裔托，率弟子薛子衡、宋景昌等为校刊庄存与遗著数种，并前庄绶甲所刊，合装为《味经斋遗书》。李兆洛门生蒋彤著《武进李申耆先生年谱》道光十八年：『先生年七十，在暨阳（指江阴暨阳书院。引注。）……乡先哲庄宗伯存与，诸经皆有撰述，多未刊行。孙卿珊受甲先以《尚书既见》《周官记》二书示先生，一一为订正，定其体例，既序而行之矣。（此当为道光八年事。引注。）《与卿珊书》曰：「《周官记》之书，非《尚书既见》比，宜详核《周礼》，参互融会，为之注释，使至精之思、至实之理，一一发露，庶几悬诸日月不刊之书。」然卿珊急于刻之，未暇事此也。继示以《四书说》《乐说》。先生复书曰：「乐律，向曾学之。所说与宋明人多差异，而理解精微，远过昔人。无奈不聪于耳，又不谙于箫管，故未能究极妙处。尝欲觅一善吹笛者，与之细辨笛色、工尺，则此处亦无不可了，而竟不得暇。此后当留心为此，稍解七律，然后合之于书，庶几不致茫然。」再后卿珊子子定润（庄绶甲次子庄润字子定。引注。）示以《象传论》《彖象论》《系辞传论》《八卦观象解》《卦气论》诸种，并《算法约言》。先生常自携寻绎，叹其精微广大，心胸常若不能容受。又曰：「此身通六艺，七十子之徒也。」遂次第付刊。《算法约言》，未成之书，付冕之，徐竟其绪，并前卿珊所刻《尚书既见》《尚书说》《毛诗说》《周官记》《春秋正辞》七种，合并行世，而不为序。曰：「吾于庄宗伯，不能测其涯也。」传宗伯之学者，从子珍艺先生述祖，外孙刘申受逢禄。申受书皆行世。珍艺书多至百卷，其子文灏不能尽刊，多刻序例，使学者可寻绎。先生（指李兆洛。引注。）并命子定刻卿珊遗书，使庄氏之学，天下得睹其大全云。』

又，薛子衡道光十八年八月作《观象解跋》云：『吾郡庄方耕先生邃精天官、律历家言，而一以六经为本。其言《易》之书不一种。而《观象解》二卷则以垂象之义言《易》者也……先生经说多已刊布，是书则今岁吾师申耆（李兆洛。引注。）先生始刊行之。余又得先生之孙经饶（庄隽甲。引注。）先生写本校正焉。道光十八年岁次戊戌八月同邑后学薛子衡谨跋。』

道光十八年季秋月宋景昌作《卦气解跋》云：『方耕先生遗书大半多已刊行，是书则吾师申耆（李兆洛。引注。）先生今岁校刊也，剞劂既就，以景昌习于天官家言，命疏其所以，故述其略例如右。道光戊戌季秋月朔，江阴后学宋景昌谨跋。』

约道光十八年，李兆洛弟子蒋彤为校庄存与《四书说》毕，撰《跋》一篇，见载《味经斋遗书·四书说》之后。此《跋》总结庄存与为学与朱子异同，而甚少见后学称引，特全文抄录于下：

朱子谓：『隐为体之微，无声无臭，具为天道之不显。』先生（指庄存与。后同。引注。）则曰：『显也，非不显也。无声无臭，凡民所知也。圣人所不知、所不能，其实皆不可不知、不可不能。知人事亲之常道，非所谓隐也。』朱子分气质之性、义理之性为二品。先生则曰：『天既与之，天又拘之，不二其命之谓。何夫妇之有愚不肖？类也，习也，非天也。天不以习、类之愚不肖而不降之类命，故曰，天，无私也。』朱子时斥圣门高弟子。先生则曰：『以孟子之贤，不敢抑扬七十二子而高下之，且必曰七十子之服孔子，不敢遗一人之辞也。』此其矛盾之大端也。

而其所由致此者，朱子竭力排异端之说，而先生则曰：『后之人生魏晋、宋齐梁陈、隋唐之后，老、佛、庄子之书先入为主，而圣人之《系辞》《传》、子思《中庸》之篇，又已为魏晋人窃其似，附益异学。今自泛滥二氏之馀，反而求之，见《易》有「无思」「无为」、「无方」「无体」之言也，《中庸》有「无声无臭」、「不　不闻」之言也，《论语》有「予欲无言」、「中人以下，不可以语上」之云也，曰不传之秘在是矣。」此乃矛盾之所由起也。

窃窥先生立说之宗旨，大约不崇虚语而归本于六经。《诗》、《书》、《礼》、文王周公之《易》《象》、夫子之《春秋》，宗庙百官具在，夫子所为发愤，愤以此；所谓善诱，诱以此。即『中人以上之可以语上』，而颜子所为卓尔者，无不在此。而六经宗旨，则约于礼经。大哉，圣人之道。洋洋乎发育万物，峻极于天。优优大哉。礼仪三百，威仪三千。礼所以效道之实也。故不言理而言礼。礼之为言　，所以正名也。黄帝正名百物，孔子谓，名不正则言不顺，而事不成。名正则诚立。不诚则无物也。故曰，六经之文，正名为先。而名又非人之所为，乃天命之也。圣人奉天以定名，乱之者有诛。故正名之曰天，则赫赫明明，不敢谓超天之上别有太极之隐。正名之为五伦，则当务为急，不敢以君臣父子夫妇兄弟朋友之外别有不言之妙。先儒所推而无极者，先生独止而坚其信。先儒所抑而在下者，先生独起而致其严。信者何原道之所从出？即《中庸》开宗明义所云『天命之谓性也』。严者何尊道之所由传？则七十子之微言大义，《孟子》终篇所云『见知闻知』之统也。

信天乃以信命，尊贤乃以尊圣人。不杂谶纬，不拘气数，此盖得汉人之学而深造之者也。朱子之道，举世宗仰。末学浅陋，何由置辨。因校是书卒业，姑提其要旨于此，以质吾师。（指李兆洛。引注。）后学蒋彤敬跋。

《清代毗陵书目》卷五第三十六页著录：『《味经斋遗书》十二种，附一种。道光间原刻本。光绪八年重刻本。』可知《味经斋遗书》尚有原刻、重刻之别。存与晚年曾参与编辑《律吕正义》《诗经乐谱》二书（见谱中乾隆五十年），今所见此二书传本均未署存与名，故未列为存与著作。民国二十四年排印本《毗陵庄氏增修族谱》收录存与撰族人家传三篇，《中国历代名人胜迹大辞典》第754页贺忠贤先生撰《庄存与》条称，常州现存有《重修常州府学庙记碑》，『在常州市原府文庙大成门内壁间。庄存与撰文并书丹。青石质，碑文楷书，运笔端庄凝重……书于清乾隆五十二年。』均为散逸之庄氏著述。

庄述祖著作及版本

庄述祖逝后，次子庄又朔、四子庄文灏相继刻其所著书。至道光十七年，述祖所著大部已刊竣，合订为《珍艺宧遗书》，而李兆洛为之编校之功大矣。李兆洛《养一斋文集·珍艺先生遗书序》：『大令之书，次子稚萁（庄又朔。引注。）曾刻《夏小正》数种未卒业。今幼子文灏尽以付梓，书几百卷，不能竟刻，多刊序例，使读者可寻绎。又合他文及诗为《遗集》并刊焉。为庄氏学者于此可以得其大凡矣。而若士、（丁履恒。引注。）申受、（刘逢禄。引注。）卿珊、（庄绶甲。引注。）稚萁皆已殁，不及与校订之役……道光十有七年李兆洛序。』李兆洛门生蒋彤著《李申耆先生年谱》道光十八年：『珍艺书多至百卷，其子文灏不能尽刊……珍艺有《说文古籀疏证》，先生每叹为奇书，赏其精而嫌其凿，尝命圣俞（李兆洛门生吴咨字圣俞。引注。）录存副本，就其义例重加订定，发其凡以示圣俞，然不能竟业。屡书督珍艺子稚萁又朔。稚萁固深于《说文》者，亦不及成也。』如下据国家图书馆藏《珍艺宧遗书》二十册本（索书号41579），并参考《族谱》卷十六下《著述》、宋翔凤《庄先生述祖行状》、张惟骧《清代毗陵书目》、《中国丛书综录》等，著录庄述祖著作及版本：

一、**白虎通义考 目录 阙文** 庄述祖撰。刊于卢文弨抱经堂校定本《白虎通》，乾隆四十九年开雕，后收入嘉庆间刊本《抱经堂丛书》，列第一种。此三种（《考》《目录》《阙文》）为庄述祖最先出版之著述。《毗陵书目·白虎通义考》目下注『《阙文》《目录》各一卷。有原刻本、光绪重刻本。』《族谱》有《校正白虎通别录》三卷之目，疑即《考》《目录》《阙文》合称。

二、**夏小正经传考释** 十卷。一名《明堂阴阳夏小正经传考释》。嘉庆十四年至道光十年递刊，列《珍艺宧遗书》第一至第五册。扉页署『嘉庆十四年刊』，而书内有嘉庆元年自序，又有嘉庆十九年正月自撰识语，同年二月再序。子目：

卷一 《夏时明堂阴阳经》嘉庆十四年刊。

卷二至三 《夏时说义》嘉庆十四年刊。

卷四至九 《夏小正等例文句音义》道光十年刊。

卷十 《夏小正等例》（又名《夏时等例说》）道光十年刊。

《族谱》及《庄先生述祖行状》称《明堂阴阳夏小正经传考释》为十一卷。待考。常州市图书馆藏有光绪九年重刊《夏小正经传考释》四种十卷，四册。乾隆三十四年，述祖开始《夏小正》研究，至乾隆五十六年，所著有关《夏小正》诸书初稿成。嘉庆十四年，述祖将其中《夏时明堂阴阳经》《夏小正诸本异同》《夏时说义》三种付刊，是为述祖自刊著作之始。庄述祖《明堂阴阳夏小正经传考释序》：嘉庆二年『迄终养归，复为修改，至嘉庆十四年之冬，始以所录《夏时明堂阴阳经》及《夏小正诸本异同》并所为《说义》先刻三卷。他若《夏小正音读考》四卷、《夏小正等例》一卷、《注补夏小正等例附》□卷、《夏时杂议》□卷，皆未卒业，以纂集《古文甲乙篇》，中辍。』

三、**弟子职集解** 一卷。道光十一年刊，《珍艺宧遗书》第十三册，扉页署『道光辛卯岁暮春刊』。《丛书综录》称又有光绪六年会稽章寿康辑刊《式训堂丛书初集》本等六种版本。

四、**石鼓然疑** 一卷。道光十四年刊，《珍艺宧遗书》第十四册，扉页署『道光甲午年刊』。宋翔凤辑刊《浮溪精舍丛书》、民国十四年钱塘汪大钧辑刊《食旧堂丛书》均收入此书。

五、**汉铙歌句解** 一卷。一名《汉鼓吹铙歌曲句解》。道光十四年刊，《珍艺宧遗书》第十四册，扉页署『道光甲午年刊』。

六、**毛诗周颂口义** 三卷。又名《毛诗口义》。道光十五年刊。见存于《珍艺宧遗书》第九至十一册，面题『道光乙未年刊』。光绪十四年王先谦编刊《皇清经解续编》收入此书。

七、**历代载籍足征录** 一卷。道光十五年刊，《珍艺宧遗书》第十三册，扉页署『道光乙未年刊』。光绪中贵筑杨调元辑刊《训纂堂丛书》收入此书。

八、**尚书古今文考证** 七卷。道光十六年刊，《珍艺宧遗书》第六、七册，扉页署『道光丙申年刊』。

九、**毛诗考证** 四卷。道光十六年刊，《珍艺宧遗书》第八册，扉页署『道光丙申年刊』。《皇清经解续编》收入此书。

十、**五经小学述** 二卷。道光十六年刊，《珍艺宧遗书》第十二册，扉页署『道光丙申年刊』。《皇清经解续编》收入此书。《毗陵书目》称此书又有成都存古书局本。

十一、**说文古籀疏证目** 一卷。道光十七年刊，《珍艺宧遗书》第十四册，扉页署『道光丁酉年刊』。《族谱》称此目四卷。

十二、**说文古籀疏证** 六卷。原名《古文甲乙编》。《族谱》称此二十五卷。疑此书有长编未刊。《毗陵书目》卷一第三十四页：『《说文古籀疏证》六卷……初名《古文甲乙编》，未成书，无卷数。吴县潘氏厘为六卷刊之。』今常州市图书馆藏有此书六卷本三种：光绪中吴县潘祖荫辑刊《功顺堂丛书》本，四册。津郡明文堂刻本，四册。又一种未署刊者及刊刻时间，卡片著录『光绪刊本』。又，中国科学院图书馆藏光绪二十年刊本《珍艺宧丛书》（十一册）亦列有此目，未检。《丛书集成初编·语文学类》亦收入此书，未检。

十三、**珍艺宧诗钞** 二卷。道光十四年刊，《珍艺宧遗书》第二十册。《庄先生述祖行状》称《诗集》三卷。

十四、**珍艺宧文钞** 七卷。《珍艺宧遗书》第十七至十九册。《庄先生述祖行状》称《文集》四卷。

十五、**尚书记** 七卷。据《丛书综录》著录，此书与《校逸》收入缪荃孙辑《云自在龛丛书》第一集。

十六、**校逸** 二卷。《丛书综录》著录此书收入《云自在龛丛书》第一集。

十七、**春秋释例** 十五卷。庄述祖、孙星衍校。收入孙星衍辑刊《岱南阁丛书》，又收入多种丛书，见《丛书综录》。

十八、**明堂阴阳记长编** 十卷。据《族谱》及《庄先生述祖行状》存目。未见。

十九、**诗记长编** 一卷。《族谱》及《毗陵书目》卷一第十一页存目。未见。

二十、**尚书记章句** 一卷。《族谱》及《毗陵书目》卷一第十一页存目。未见。

二一、**乐记广义** 一卷。《族谱》及《毗陵书目》卷一第十五页存目。未见。

二二、**左传补注** 一卷。《族谱》及《毗陵书目》卷一第十七页存目。未见。

二三、**谷梁考义** 二卷。《族谱》及《毗陵书目》卷一第十九页存目。未见。

二四、**驳五经异义** 一卷。《族谱》及《毗陵书目》卷一第二十九页存目。未见。

二五、**论语集解别记** 二卷。一名《论语集注别记》。《族谱》及《毗陵书目》卷一第二十三页存目。未见。

二六、**史记决疑** 五卷。《族谱》及《毗陵书目》卷二第一页存有此目。未见。

二七、**校正列女传凡首** 一卷。《族谱》及《毗陵书目》卷二第六页存目。未见。

二八、**钟鼎彝器释文** 一卷。《族谱》及《毗陵书目》卷二第三十二页存目。未见。

二九、**校定泰誓** 一卷。《族谱》及《毗陵书目》卷一第八页存有此目。未见。

三十、**论语别记** 萧一山《清代学者生卒及其著述表》列有此目，称未刊。

以下十三种为宋翔凤《庄先生述祖行状》存目，均未见，或与前列有同书异名者：

尚书杂义 一卷。**校尚书大传** 三卷。**校逸周书** 十卷。此或即前列《校逸》长编。

书序说易考注 二卷。**毛诗授读** 三十卷。**五经疑义** 一卷。**说文转注** 二十卷。

特牲馈食礼节记 一卷。**天官书补考** 一卷。**说文谐声考** 一卷。

尚书古今文授读 四卷。**声字类苑** 一卷。**校定孔子世家** 一卷。